聖霊降臨祭説教集

聖霊の新しい時代の到来

Published by Malkoushu Publications

はじめに

日本におけるキリスト教関係図書として、多くのクリスマス（降誕祭）の説教集が世に出されている。イースター（復活祭）の説教集もそれ程多くはないが、幾つか出されている。しかし、ペンテコステ（聖霊降臨祭）となると、ほとんど皆無と言ってよい。考えてみれば、これは不思議なことである。何故ならば、クリスマス、イースターと並んでペンテコステはキリスト教の三大大祭の一つであるからである。しかもその意義の深さという点では、ペンテコステは決してクリスマスやイースターに劣るものではない。私の考えによれば、ペンテコステの意義の大きさは、クリスマス、イースター以上のものである。だのに何故、ペンテコステの説教集がないのであろうか。

思うに、それは今日の日本の教会あるいはクリスチャン達の聖霊軽視の風潮もしくは聖霊体験の乏しさに由来するようだ。体験がなければ、説教者は説教しにくいし、聴く方も聴いていても分からない。かつての私自身がそうであった。ペンテコステの聖日が近づくといつでも困っていた。体験がないので聖霊をどのように語ったらよいか分からなかったからである。一九七五年のペンテコステを前にして、例年の如く私はペンテコステの説教を作るのに難渋《なんじゅう》していた。聖霊をどう語ってよいか、考えあぐねていた。ふと書棚に積んだままにしていた一冊の書物が目にとまった。アメリカのカリスマ運動の指導者デニス・ベネット司祭が奥さんのリタと共に著した『聖霊とあなた』（生ける水の川）という本である。私は苦しまぎれに、その書物を手に取って読み出した。そして、初めて聖霊体験なるものをしたのである。それは決して劇的なものではなかったが、そこからこれ迄知らなかった聖霊の世界へと大きく足を踏み入れていったのである。

その結果分かったことは、キリスト教とは本来聖霊の宗教だということである。聖霊を単なる教理に押し込めてしまっては、真に聖書も、従ってキリスト教信仰の奥義も理解できないということである。こう言うと、ある方々にとっては〝聖霊派の傲慢〟という風に聞えるかもしれず、甚《はなは》だ申し上げにくいことなのであるが、しかし紛れもない事実なのである。私自身、〝聖霊のバプテスマ（聖霊の満たし）〟という体験を通して、これ迄聖書学的釈義的研究では分からなかった聖書の箇所が、まるで霧が晴れるように難なく理解できるようになっていった。けれども考えてみれば、これは当たりまえのことかも知れない。何故ならば、「聖書は、すべて神の霊感を受けて（直訳は神の息吹きによって）書かれたものであ」（第二テモテ三・一六）るから、言わば本当の執筆者は聖霊御自身なのであり、人間は単にその道具に過ぎなかったということになる。それ故に、聖霊に満たされることにより、聖書の真の執筆者である聖霊の意図を容易に察知し洞察し得る霊眼を持つことになるからである。かくして、私の説教は、聖霊体験をする前と後とでは俄然違ってきた。聖霊体験をする前は、〝今、ここにいる、この自分に〟聖書を引き寄せて解釈するという、所謂実存論的解釈によるものであった。けれども、聖霊体験後は、私という主体が変えられて、聖霊の導きと語りかけによって聖書を解釈していくという、所謂霊的解釈が可能になっていった。

だからと言って、決して釈義的研究をなおざりにしたわけではない。むしろ私の聖書解釈は、何度もテキストを繰り返し読んでから釈義にかかり、釈義だけでは分からない霊的意味を聖霊によって教えていただくというものである。それ故に、人間的努力としての釈義と聖霊による導きと洞察という霊肉二つの要素の協力関係によって生み出されていると言える。聖霊は釈義を超えていくものであるが、だからと言って、神学的聖書学的研究はなおざりにされてはならないと思う。それは、「聖霊による示し」ということがペンテコステ派の説教者などに時々見られる強引な恣意《しい》的解釈に陥らないためである。

かくして私の説教は、聖霊との共同作業によって生み出されてきたものであるが、これ迄、『命の宗教の回復』（キリスト新聞社）、『ヨシュア記連続説教集・全三巻』（マルコーシュ・パブリケーション）の四冊の説教集を世に問うた。けれども今回はストレートに聖霊について語るペンテコステの説教のみを二十篇収録している。一九八五年から二〇〇四年迄の二十年間、その年毎のペンテコステ礼拝でなした説教の羅列である。但し昨年二〇〇四年のペンテコステ礼拝の説教については、収録することを差し控えた。と言うのは、現在私は礼拝の中で「使徒行伝」の連続説教を展開中であり、昨年のペンテコステ礼拝の説教箇所に当たったのが使徒二・一四〜二一であったので、筆頭にかかげた一九八五年の説教「聖霊の新しい時代の到来」と内容的に重複するところがかなり多いからである。代わりに、一九九七年十月に行なわれた「高砂聖霊アシュラム」特別礼拝の説教を入れさせて頂いた。何故この説教を採択したかというと、この説教が聖霊の信仰のエッセンスともいう言うべき内容を擁していると思えるからである。

もう一つ、一九八六年の説教「大いなる転換」と一九九〇年の説教「最良の贈り物」は、既に「命の宗教の回復」の中で掲載済みのものであるが、本説教の趣旨から再びここでも掲載させていただいた。「命の宗教の回復」をお読みの方にはご了承をお願いしたい。

私の願いは、この「聖霊降臨祭説教集」を通して、今も尚生きて働いておられる聖霊の御働きに、できるだけ多くの方々に眼を開いて頂きたいということであり、またかつての私のようにペンテコステの説教を作ることに苦労している牧師達にとって何がしかの手助けとなりたいということである。今や、多くの日本人達が意識的無意識的にキリスト教の救いを求めている状況が生まれつつある。それは、今日のゴスペル・ブームやクリスマス・イルミネーションの華麗さやキリスト教式結婚式の普及を見ても分かるであろう。今こそ日本人の救い、日本の国の救いのために、キリスト教会・クリスチャン達が立ち上がる時がやって来た。そのためにも、日本の教会は聖霊の力をもっともっと戴《いただ》く必要があるのではなかろうか。そのために、本説教集が何がしかの役に立てれば、幸甚《こうじん》の至りである。

主の御名の崇められんことを。

主の年二〇〇五年一月

牧師室にて　手束正昭

聖霊降臨祭説教集

聖霊の新しい時代の到来／目次

1　聖霊の新しい時代の到来

そこで、ペテロが十一人の者と共に立ちあがり、声をあげて人々に語りかけた。「ユダヤの人たち、ならびにエルサレムに住むすべてのかたがた、どうか、この事を知っていただきたい。わたしの言うことに耳を傾けていただきたい。今は朝の九時であるから、この人たちは、あなたがたが思っているように、酒に酔っているのではない。そうではなく、これは預言者ヨエルが預言していたことに外ならないのである。すなわち、『神がこう仰せになる。終りの時には、わたしの霊をすべての人に注ごう。そして、あなたがたのむすこ娘は預言をし、若者たちは幻を見、老人たちは夢を見るであろう。その時には、わたしの男女の僕たちにもわたしの霊を注ごう。そして彼らも預言をするであろう。また、上では、天に奇跡を見せ、下では、地にしるしを、すなわち、血と火と立ちこめる煙とを、見せるであろう。主の大いなる輝かしい日が来る前に、日はやみに月は血に変るであろう。そのとき、主の名を呼び求める者は、みな救われるであろう』。

（使徒行伝二章一四〜二一節）

一九七五年のペンテコステの前日だった。その頃の私は聖霊の降臨について、知識としては知っていたが、未だ明確な聖霊体験はなかった。その私が聖霊降臨について説教することは大きな苦しみであり、そのために一人呻吟《しんぎん》していた。

その時、机の上に置かれていた一冊の本が目にとまった。アメリカのカリスマ運動の指導者デニス・ベネット牧師とその妻リタ・ベネットの著書『聖霊とあなた』である。長い間〝つんどく〟にしていた本であったが、明日聖霊についてなにか語らなければならないと切羽詰《せっぱつ》まっていた私は、それを手に取った。読み進むうちに惹きつけられ、やがて「聖霊のバプテスマを受けるための祈り」という項にきた。その時私は、果して、自分にも聖霊なるものが体験できるのだろうか、聖書に記されたと同じく、不思議な働きが自分の身にも起こり得るのだろうかと、そのような思いに駆られて、「聖霊のバプテスマを受けるための祈り」に記されている通りに祈ってみた。

祈り終わったその瞬間だった。私はちょうどお酒に酔ったような状態になり、体がフワッと浮いたような感じを受け、気持ちがよくなって、体が左右にフワフワ揺れるのを抑えられなかった。その時、使徒行伝二章の聖霊降臨の記事が思い起こされた。聖霊に満たされた弟子たちを見て、周りの人々が「あの人たちは新しい酒に酔っている」と評したのは、これだったのかと悟らされたのであった。それは私の初めての聖霊体験だった。

使徒行伝二章一四節から二一節は、弟子たちの聖霊体験を見た人々の「酒に酔っている」という批判に対し、ペテロが語った弁明である。「そこで、ペテロは十一人の者と立ちあがり、声をあげて人々に語りかけた。ユダヤの人たち、ならびにエルサレムに住むすべてのかたがた、どうか、この事を知っていただきたい。今は朝の九時であるから、この人たちは、酒に酔っているのではない。そうではなく、これは預言者ヨエルが預言したことに外ならないのである」。ペテロはここで、あなた方はこの有様を見て、酒に酔っているようだと批判しているが、決してそうではない。これは旧約の預言の成就であって、私たちは聖霊の降り注ぎを受けたのだと言っているのである。そのためにペテロは預言者ヨエルの御言葉（二・二八〜二九）を引用した。「神がこう仰せになる。終わりの時には、わたしの霊をすべての人に注ごう」。ところが、本来ヨエル書では「終わりの時」という言葉はなく、「その後」となっている。なぜ、ペテロはこの箇所を「終わりの時」と、わざわざ言い換えたのだろうか。それは、聖霊の降臨において、まさしく終末が現実化したという認識からである。では、終末とはどういう時代なのか。終末、それはこの宇宙が大破局に陥り、こっぱ微塵《みじん》に壊滅されることではない。そうではなく、人間の歴史が古い時代を終えて、新しい時代へと飛躍し跳躍することである。古い時代が終わり、新しい時代が創造されていくことである。ペテロは聖霊が降ることを通して、新時代が到来していることをここで語りたかったのである。

　ではその時、どんな事が起こるのか。それが一七節以後で語られている。まず第一に、「あなたがたのむすこ娘は預言する」と言う。息子、娘とは親から見ると、取るに足りない者たち、親の庇護《ひご》がなければ生きていけない存在であり、少しばかり成長しても、親から見ると、親の保護と労《いた》わりなくしては生きていけないような頼りない存在である。そのか弱い息子や娘たちが超自然的なカリスマの力によって、不思議な言葉を語り、不思議な神の業を成す。それは親にとって大きな驚きである。

旧約聖書の時代においては、カリスマ的人物とは特別な人だった。極めて稀《まれ》な主なる神から選ばれ、特別に油注がれた人だった。この特別なカリスマ的人物が不思議な霊的力を発揮して、超自然的な御業を行い、人々の目を見張らせた。しかし、今からは違う。聖霊の降臨による終わりの時代には、旧約において特別に選ばれた人物にのみ起こったカリスマ的能力は、息子や娘、言わば取るに足りない人々にも行使されるようになる。聖霊の新しい時代の到来によって、神の賜物なるカリスマは特定の人にのみ限定されず、信じる者すべてに与えられるようになるとペテロは言うのである。そして、このことがマルコによる福音書の最後に次のように約束されていた。

「信じる者には、このようなしるしが伴う。すなわち、彼らはわたしの名で悪霊を追い出し、新しい言葉を語り、ヘビをつかむであろう。また、毒を飲んでも、決して害を受けない。病人に手をおけば、いやされる」(マルコ一六・一七)。何と素晴らしい約束であろうか。聖霊の降臨によって、信じる者には誰でもカリスマが与えられ、超自然的な不思議な業を成すことができるようになるとは。今日のカリスマ運動の主張もここにある。私たちは聖霊のバプテスマを受けるならば、霊の目が開かれ、さまざまな霊的力が与えられ、不思議な業を成し得る者とされる。そして、その御業は、信じるならばどんな人の上にも起こされるのである。

かつて、高砂教会にユース・ウィズ・ア・ミッションのチームが来られたことがあった。そのメンバーに、ジェニーという十八歳の若い女性がいた。彼女は預言の賜物が与えられており、祈りのなかで人々についての預言を次々なした。その時その人それぞれの持っている問題に対して、適切な預言的助言を語ったので、彼女に祈ってもらった人たちは一様に、「なぜ自分の事を彼女がそれほどに知っているのですか。もしかして、牧師先生が話されたのですか」と尋ねてきたが、勿論そんなことはない。聖霊の力と示しによって、十八歳のうら若き女性は素晴らしい奉仕を終えて帰国していったのであった。

続いてペテロは言う。「若者たちは幻を見、老人たちは夢を見るであろう」と。幻とは「ホラマ」というギリシャ語で、目に見ることのできない霊的なものを見るという意味である。すなわち、見えない筈の霊的なものが、天来の眼力によって若者たちは見えるようになる。これが幻を見るという意味である。

三十年前、私はみとろ荘での私たちの教会の修養会での席上、突然に起こされた聖霊降臨を通して、聖霊の濃厚な臨在を見させられた。それまでの私は聖書のなかの不思議な出来事や幻は、古代の人々の錯覚による神話だとぐらいにしか考えていなかった。しかし、自分の目と体を通して聖霊を体験して以来、聖書に記されたことは事実であり、確実に霊的世界、天界と呼ばれるものがあるということを知った。哲学の言葉でいう「実在の世界」と呼ばれるような四次元的世界があることを確信するに至った。

しかし、往々にして若者は天界とか霊界を認めず、信じようとしない。もし若者が、私が見たように、ある時不思議な天眼力《てんがんりき》が与えられ霊の世界や幻を見るならば、その人の生き方は大変革をするだろう。私自身もその体験を通して、それまでの生き方や牧会のあり方から大転換させられたのであった。

聖書にダニエルという聡明《そうめい》かつ勇気ある若者が登場する。彼は迫害に屈せず、命の危険にも臆せず、すぐれた能力を発揮して、やがてバビロニア帝国の大臣にまでなった。当時のユダヤ人はバビロニアの捕囚の民、奴隷であったにもかかわらず、彼は異例の抜擢《ばってき》をされたのである。ではなぜ、ダニエルが用いられたのか。それは彼が幻の世界、霊の世界を知っていたからである。彼は人間の目には見えない霊的世界の存在を知っているが故に、その生き方は真実で真剣なものとなった。このダニエルのように、霊の世界の実在をおのが身に体験するならば、その生き方は変わらざるを得ない。まして、若い人たちがその真実に触れる時、彼らの生き方はいかに変革されるであろうか。

更に、「老人たちは夢を見る」と記されている。夢とは深層心理学的には人間の内側にある願望あるいは恐れの浮上現象といわれ、また、無意識のなかにある隠された欲望とか傷の現れであるという。しかし、聖書では単にそれだけとは考えない。夢は時として神の啓示の場所となる。夢を通して神の御心、神の御旨を知らされる場となるというのである。そして年を重ねた老人たちもまた、夢を見て神の御心を知り、ご計画を知って、使命に向かって敢然《かんぜん》と立ち上がる者とされると語る。老人とは概して後ろ向きであり、過去に拘泥《こうでい》し、過ぎ去ったことを振り返る傾向が強い。しかし、聖霊を受けたならば、彼らも使命の故に奮い立ち、大きな働きをなす者となっていく。

聖書には、このことを裏付けるいくつかの人物が描かれている。〝信仰の父〟アブラハムは七十五歳で神の言葉を聞き、この年齢から聖書に登場するようになった。モーセは八十歳でイスラエル民族の解放という召命を受け、その偉業を成し遂げた。老人たちが神の霊に触れ、啓示を受けるならば、全く年齢によらず信仰によって断固として立ち上がり、偉大な御業を成し遂げていくのである。かく聖書の神は、老人をも愛し用い給う神である。

続いて一八節に「その時には、わたしの男女の僕たちにもわたしの霊を注ごう。そして彼らも預言するであろう」と記されている。ここでいう「男女の僕たち」とは「男女の奴隷」と記すべきである。つまり奴隷のように、当時人間として扱われなかった人々でも聖霊が注がれる時、超自然的働きをするようになるというのである。これはカリスマの普遍化、一般化を強調していると共に、それ以上に、聖霊を受けるためには、人間の側の条件は何も必要ではないことを意味し、前節一七節の繰り返しの強調だと考えられる。

ところが、この真理を認めない多くの人たちがいる。彼らは、聖霊のバプテスマは信仰がある段階まで到達した人のみが受けるものだと主張する。またある人々は、信仰の完成段階で駄目押《だめお》しとして聖霊のバプテスマに与ると主張する。これらは聖書から見るならば、全くの誤解である。

聖霊は求める者には誰にでも与えられる（ルカ一一・一一〜一三参照）。そう聖書ははっきりと約束している。しかし、自分は求めているのに聖霊を受けられないと嘆く人に時々出会うが、それは自分自身が内側で抑圧しているからである。また、聖霊を受けられないのは、その人の内に罪があるからだと主張する人もいる。しかし、罪がない人がいるだろうか。誰でも皆多かれ少なかれ罪を抱《かか》えて生きている罪人である。だから罪があるから受けられないのではない。そうではなく、自分には罪があるから聖霊のバプテスマを受けるに値しないと思い込んでいるので、受けられないのである。つまり自分が自分を抑圧してしまっているのである。その結果、聖霊のバプテスマに与かることができない。

　ある教会で私はこの話をした。集会が終ると一人の執事がやって来て「先生、私は今まで間違っていました。私も聖霊のバプテスマを下さい」と願った。そこで私は按手をして祈った。その後「あなたはもう異言を語ることができますから、語って下さい」と言うと、彼は不思議そうに私を見つめた。「信仰をもって、異言を語り出してください」と再度促《うなが》すと、彼は思い切って口を開いた。すると異言がほとばしり出た。それは美しい異言であった。

　聖霊のバプテスマは、求める人に誰でも与えられる。あなたはまだ信仰の初歩段階だから無理だということはない。洗礼を受ける前にさえ、聖霊のバプテスマを受ける人もいる。現に高砂教会でも何人もいる。故に、信仰が初歩段階であるか否か、成熟しているか否か、潔められているか否か、そんなことは関係がない。誰でも、求める者は聖霊のバプテスマに与ることができるのである。

　一九節には、「また、上では、天に奇跡を見せ、下では、地にしるしを、すなわち、血と火と立ちこめる煙とを、見せるであろう」と語られている。つまり、この地に聖霊が降り、人々が新しくされる時、天でも多くの不思議があるというのである。この場合の「奇跡」は「テラタ」というギリシャ語が用いられ、重大事の前兆という意味を持っている。上、つまり天に重大事が起こる時、地上ではそのためのしるしが起こるという意味である。このしるしとは、すなわち血と火とたちこめる煙を見せることだという。これをシェキーナー現象という。モーセが十戒を受けた時、シナイ山は雲で覆われ、稲妻が光り、雷鳴が轟いた。これがシェキーナー現象である。主なる神がこの地上の歴史に介入される時、このような不思議な天変地異とも呼ばれる現象が起こされる。

また、有名なファチマの預言がなされた時、三人の子供たちの目前で、突然強い風が吹いてきて、雲がその所にたちこめ、輝くばかりの光がさしこみ、そこに聖母マリアが現れたといわれている。これもシェキーナー現象である。それが起こる時、実は主なる神が歴史に圧倒的に介入されたことを示している。そしてまた、これが起こる時、同時に天界においても大きな変化が起こっているしるしであることをこの箇所は明瞭にしている。即ち、天にいます神ご自身がその御心を変更するべく、大きな決断をされた時、地上でもそれを反映して、シェキーナー現象が起こってくるというわけである。

大学紛争に端を発して「変革」ということが盛んに論議された一九七〇年の頃、哲学者故田中美知太郎京大教授が、読売新聞に次のように書かれた記事を読み、苦悶の中にあった私は「なるほど」と感銘を受けたことがあった。田中美知太郎教授は言う。「革命とは、もとは中国でも西洋でも、天上の変化、あるいはその周期的変化をさす言葉から由来したものであり、人間の意志から独立した天意、あるいは宇宙的な必然の考えに基づくものなのである」（読売新聞社刊「変革の思想とはなにか」に収録）。

変革とは、どのような状況で起こるのか。それは何よりも、天上の意志が変化し、その変化の影響が地上に表れることにより、変革は起こってくるというのである。この田中教授の革命の理解は極めて聖書的だと私は思う。先ず天上に変化が起こり、それが地上界において形をなす。逆にいえば、いくら人間が努力して革命を起こそうと頑張っても、天の意志が良しとしないなら、それは万端徒労に終る。いくら熱心に変革を掲げ、革命を叫んでも、もし天がそれを良しとしないならば、起こり得ない。地上の変革は、先ず天上の変革によってもたらされる。そのしるしがシェキーナー現象なのである。ペンテコステとはまさに、このシェキーナー現象であり、天において大きな変革が起こったことを表わしている。

更にヨエルは預言する。「主の大いなる輝かしい日が来る前に、日はやみに、月は血に変るであろう」と。主なる神が、直接歴史に介入し、新しい時代をもたらす日が必ず来る。そして、その日とはペンテコステであり、その前には、日は闇に、月は血に変る、すなわち、大きな苦しみが事前に伴ってくると。確かに新しい時代の創造の前には、大きな苦悩が伴うことは、既に歴史が証明していることである。新しい時代が生み出されていく時、ちょうど母胎が胎児を産み出すように、必ず苦しみが伴う。これは避けることができないことなのである。私たちの高砂教会も主の導きの中で新生するに当たり、分裂という大きな苦しみを伴った。が、しかし新しい創造を望むなら、新たに生まれ変わることを願うなら、苦しみを自ら担う勇気が必要である。ペンテコステ、聖霊降臨を通して表わされた新しい時代の創造、それは、正しく神の子イエス・キリストの苦難と死を伴わなければならなかった。キリストの御苦しみと表裏一体となって、この地に新しい聖霊の時代が到来したのである。このことを然と心得ておく必要がある。

かくて、二千年前キリストが昇天される際の約束の実現であるペンテコステを通して、新しい時代が切り開かれていった。そして今や聖霊は世界の至る所で注がれ、かつてエルサレムで起こった出来事は全世界に波及している。高砂教会もその波をいただいた。一九七五年の夏、修養会で聖霊降臨を体験して、以来、高砂教会は新しい時代に突入していったのである。そしてこのことが毎日新聞を通して全国に報道せられ、カリスマ運動を広く全国に喧伝《けんでん》することとなっていった。何と感謝であろうか。主なる神は今や、日本の教会全体に再び新しい業を始められておられる。日本だけではない。聖霊の新しい時代の到来を今や全世界の教会は迎えようとしているのである。

イスラエルには秋に降るいわゆる前の雨と、春に降るいわゆる後の雨がある。前の雨は土を潤し作物が実るための状況を整えるために降り、後の雨は収穫し易くするために降る。私たちが生かされている今のこの時代、それは後の雨の時代だといわれる。前の雨とは二千年前のペンテコステを指す。その時、聖霊が雨、霰の如く降り注いで、キリスト教会が誕生し、世界の歴史を大きく変えていった。そして今、主なる神は、再び後の雨としての聖霊を注ぎ始められ、その注ぎは同時多発的にグローバルに起こされつつあり、世界中に新しい時代が創造されようとしている。今や私たちの愛する国日本にも聖霊の新しい時代が到来しつつあることを喜ぼうではないか。私たちはこのような新しい時代の創造に直面しているのである。

はからずも、今日、多くの学者たちも、人類はかつてなかった新しい時代を迎えつつあると指摘している。それは科学技術文明がもたらす大転換である。しかし、新しい時代への転換のなかで、もしかしたら人類はその大転換をうまくやり遂げることができずに、破局と滅亡に陥るかも知れないとも危惧《きぐ》されている。けれども、私たちは聖霊の助けと支えによって、勇気をもって、希望をもって新時代を迎える準備を整えようではないか。

2　大いなる転換

ペテロがこれらの言葉をまだ語り終えないうちに、それを聞いていたみんなの人たちに、聖霊がくだった。割礼を受けている信者で、ペテロについてきた人たちは、異邦人たちにも聖霊の賜物が注がれたのを見て、驚いた。それは、彼らが異言を語って神をさんびしているのを聞いたからである。そこで、ペテロが言い出した、「この人たちがわたしたちと同じように聖霊を受けたからには、彼らに水でバプテスマを授けるのを、だれがこばみ得ようか」。こう言って、ペテロはその人々に命じて、イエス・キリストの名によってバプテスマを受けさせた。それから、彼らはペテロに願って、なお数日のあいだ滞在してもらった。

（使徒行伝一〇章四四節〜四八節）

聖霊降臨祭（ペンテコステ）というのは、キリスト教会にとって最も大切な祝祭日である。それは、クリスマスに優り、イースターに優る深い意味合いをもった祝祭日である。しかし今日、この祝祭日は顧みられず、多くの教会ではこの日を特別に祝うということをしない。これは大きな誤りである。私達はこの日を私達の信仰の中心的な意味を持った日として、心から喜び、祝い、覚えなければならない。この日においてキリスト教会は誕生し、この日においてキリスト教会は成立し、そしてこの日において歴史の大きな転換というものが図られていったからである。天地の造り主なる神がこの歴史に介入し、この歴史を動かしていった日である。

人間の歴史を見てみると、歴史の大いなる転換は小さな出来事から起されていることがわかる。例えば、日本の歴史の中での最大の転換事というのは、徳川幕府の政権が倒されて明治維新に変っていったその時であろう。この時に日本の近代化というものが幕開けしていったのである。ところが、この日本の歴史の中でのこの大きな出来事というのは、実は一人の人物の、たった一言によって切り開かれていったのであった。その人物というのは、坂本龍馬その人である。彼が言った、たった一言。誰に向かって言ったのか。それは西郷隆盛に向かってであった。どういう言葉なのか。「それでは長州がかわいそうではないか」。このただ一言が歴史を大きく転換していったのである。

当時、討幕の運動が起こりつつあった。その中で特に長州藩はこのことの為に立ち上がり、ただ一国、幕府に立ち向かっていく。ところで時代は大きく変ろうとする時であり、それに志を同じくする多くの諸藩が生まれつつあった。薩摩藩もその一つであった。この薩摩藩と長州藩が連合して立ち上がるならば、討幕の運動は大きく展開していくことは目に見えていたのである。この連合に我も我もと参加してくる藩が起されることは明らかであった。ところが、長州藩と薩摩藩は仲が悪かった。同じ志を持っていても、相手に対してなかなか歩み寄ろうとしないのである。自分の藩の体面と威厳というものを保とうとし、自分の方から譲って握手を求めていこうとはしない。

そこで、坂本龍馬は一計を練った。長州藩を代表する桂小五郎と薩摩藩の代表西郷隆盛とを会わせて、手を結ばせようとしたのである。この二人の首班を代表として、それぞれの藩の代表者が一つの部屋に集まって食事をすることにした。文字通りすべてのお膳立ては整えられた。しかしお互いに黙っている。お互いに何も言わない。自分の方から決して持ち出していこうとしないのであった。お互いにプライドが強く、そのことを持ち出すことは自分自身をいやしむことと考えていた。

沈黙のまま一日が過ぎた。次の日も同じく両方の代表者が集まり共に食事をした。それでもお互いに決して切り出さない。三日目、四日目、五日目……十日目が過ぎた。桂小五郎は、会いに来た坂本龍馬に向かって、「自分はもう帰る」と言った。「もう薩摩と手を組むことはできない」と龍馬に宣言した。それまでだまっていた龍馬は、この時初めて怒りの言葉を発したと言われている。この龍馬は大変心の大きな人物であって、余り怒ることがなかったのであるが、しかしこの時だけは怒った。心底から怒った。「桂、お前は何という男なのだ。未だお前は長州藩という狭いところから抜け出ることが出来ないのか」。桂は憮然《ぶぜん》として答える。「出来ない。自分の方から口を出すことは出来ない。それは屈辱だ」。そこで龍馬は急いで西郷隆盛の元へ走った。そして西郷の前に座り込んで言った。「これでは長州がかわいそうではないか」。この一言のみを語って、西郷をキッとにらみつけたというのである。作家の司馬遼太郎氏はその小説「龍馬がゆく」の中で次のようにこの所を書いている。

「当夜の龍馬の発言は、ほとんどこの一言しかない。あとは、西郷を刺すように見つめたまま沈黙していたのであった。奇妙と言っていい。この時、薩長連合は成立した。歴史は回転し、時勢はこの夜を境に討幕の段階に入っていった。一介の土佐浪人から出たこの一言の不思議さを書こうとして、私は三千枚近くの枚数をこれまで費やしてきたように思う」。龍馬のこの一言、これが日本の歴史を大きく転換させていった。そしてこの龍馬という人物は、司馬遼太郎氏がその最後の所で書いているのであるが、日本の歴史を動かす為に天が送った人物であった。彼は彗星《すいせい》のごとく現われ、彗星のごとく去っていった。この一人の人物によって、日本の歴史は大きく切り開かれていったというのである。実に彼の一言が日本の歴史を動かしていったのである。

記述は戻るが、ここで取り上げている聖書の箇所、使徒行伝一〇章は、世界の歴史の中で最大の転換を描いている箇所であると言って私ははばからない。この章は世界の歴史の中で最も大きな出来事を描いているのである。それはどういうことなのか。なぜそう言えるのか。そのことについてもう少し掘り下げて考えてみよう。

当時のキリスト教というのは、まだ世界的な宗教ではなかった。それはユダヤ教の枠の中にあり、人々はユダヤ教ナザレ派と呼んでいた。しかし元来、イエス・キリストの福音とその後に起された教会というのは、そういう単なる民族的な宗教の一セクトとしてとどまるものではない。もっと普遍的な、世界的な性格のものである。そこで、この当時のユダヤ教の中からも一つの運動が起こってきたのである。ナザレのイエスの福音は世界的に開かれていくべきではないか。私達のこの信仰は、単にユダヤ人一民族の為だけにとどめてしまってはいけないのではないか。いわゆる国際主義運動（私はこの運動をこう名付けたい）が起されてきたのである。しかし、当時のキリスト教会の中では、依然として主流派は民族主義的行き方を取っていた。

主イエスの弟のヤコブを中心にしたこの主流派、民族派は、このキリスト教をユダヤ教の一分派、ナザレ派として自分達の信仰を据えていた。これに対する国際派の中心人物はステパノであり、後にパウロが後を受け継いだのであった。この主流派と反主流派の間で激しい論争、つばぜり合いが起きていたのであるが、この中間に立っていた人物がペテロである。ペテロは人々から信望が厚く、また彼は主イエスの一番弟子であったこともあり、彼がどう動くかということは、この論争の勝敗の決定に大きな鍵を握っていたのであった。

ペテロがどう動くか、人々は注目していた。そして、そこに主なる神が介入されたのである。この鍵を握っている人物、ペテロに対して働きかけをされたのである。一〇章九節から一六節に記されているように、主なる神は、伝道に疲れて皮なめし業者シモンの家で眠っていたペテロに対して、その夢（幻）を通して一つのことを教えたのである。

「すると、天が開け、大きな布のような入れ物が、四すみをつるされて、地上に降りて来るのを見た。その中には、地上の四つ足や這うもの、また空の鳥など、各種の生きものがはいっていた。

そして声が彼に聞えてきた、『ペテロよ。立って、それらをほふって食べなさい』。ペテロは言った、『主よ、それはできません。わたしは今までに、清くないもの、汚れたものは、何一つ食べたことがありません』。すると、声が二度目にかかってきた、『神がきよめたものを、清くないなどと言ってはならない』。こんなことが三度もあってから、その入れ物はすぐ天に引き上げられた」。

それまでのペテロも偏見を持っていた。異邦人など救われるはずがないし、そのような異邦人にわざわざ伝道する必要もないと考えていた。しかし、主なる神は、そうではないと言われたのである。清いものと清くないもの、清い民と清くない民、そういう区別はない。どの人間も神が造られたのであって、どの人間も等しく神の恵みと祝福、そして救いに与らなければならない存在なのだ、とペテロにその夢（幻）を通して語られたのである。それでもなお、ペテロは過去の古い伝統的な観念から脱却することがなかなかできなかった。ペテロのこのような頑なさを更に取り除く為に、神は次の手を打った。それがここで取り上げている四四節から四八節の箇所であるが、この箇所は言うならば神の駄目押しである。

ペテロはローマ人の百卒長、コルネリオの所へ行って説教していた。そしてその説教が終わるか終わらないかの内に聖霊が降ったのである。その聖霊は、かつて自分達が十二年前、エルサレムの二階座敷で五旬節を祝っていた時に降ったのと正に同じ聖霊であった。あの時も人々は異言を語り出した。そして今、異邦人もまた異言を語り出している。その光景を見て、ペテロは悟った。あの時に私達に降った聖霊が、今、異邦人にも降り、あの時に私達が語った異言を、今、異邦人も語っている。だとするならば、神は異邦人をも等しく恵み、救うお方なのだ。ペテロは、この時、はっきりと、このことを確認したのであった。「そうであったのか、神は異邦人にも働きかけられるお方であったのか、自分は何と心の頑なな人間であったのだろう」と、激しく悔い改めたのであった。このことは、今日の私達から見れば、至極当然の事柄であるが、しかし当時の状況から見るならば、不思議な、驚くべき大きな転換だったのである。

以前、私があるペンテコステ派の集会に行った時のことを思い起こす、私自身、聖霊のバプテスマに与って間もない頃のことである。「あなたはどちらの教団の方ですか」と質問され、私は「日本キリスト教団です」と答えた。すると、「えっ、日本キリスト教団にも聖霊を戴く人がいるのですか。日本キリスト教団にも聖霊のバプテスマを経験する人がおられるのですか」という反応が返ってきた。今日、聖霊はカトリック教会にも降っている。そして多くの神父やシスターも聖霊に満たされている。しかし、ある人達はこのことを理解することができない。「えっ、あのカトリックに聖霊が降るのですか。そんな馬鹿な」。この事実を理解し納得出来ない人達は、カリスマ運動を認めることも、また本当の意味を理解することもできないのである。それらの人々は偏狭にもこう考える。すなわち、「カトリック教徒はマリヤ像などという偶像礼拝をする人々ではないか。だからそのようなカトリックに聖霊が降るはずがない」。

このように見てくるならば、あの当時、コルネリオの所で異邦人にも聖霊が降り、彼らも同じように異言を語り出したということは、どれほど大きな出来事であったか想像に難くない。ペテロはこの大きな驚くべき体験を通して、イエス・キリストの福音はすべての人々に伝えられていかなければならない、そしてまた全世界の人々は、イエス・キリストの救いに与らなければならないということを深く感動をもって知ったのであった。そして、彼はいわゆる国際派の方向に大きく傾斜していった。

かくて、これまで一民族の宗教であったキリスト教が、このことを通して世界的宗教として成立発展していったのである。もし、キリスト教があくまでもユダヤ教の一セクトとして、今日でもなお留まり続けていたとするならば、今、私達はここに座っていることもない。否、そればかりではなく、歴史というものが全く別なものになっていたはずである。しかし、このペテロに起こった小さな出来事、すなわち、夢（幻）を見たということ、異邦人にも聖霊が降ったということ、そして、彼らも異言を語ったということ、これが世界の歴史を大きく変えていったのである。従って、この使徒行伝一〇章は、人類の、世界の歴史の中で、最も記念すべき出来事なのである。

聖霊はこのように、私達を偏見、とらわれから脱却させていく力である。否、脱却させるだけではなく、私達に大きな転換というものをもたらしてくれるのである。実に私達は多くのものにとらわれている。私達は自分自身の知らないうちに、知らないところで、何と多くの事柄にとらわれすぎていることか。それは伝統的な観念であったり、昔からの言い伝えであったり、あるいは社会的な常識であったり、そういったものにがんじがらめにされている。そしてこれが正しいのだ、これしかない、こう生きる他はない、こういう風に振る舞う他はない等と思い込んでしまう。そして、それが様々な偏見をもたらすこととなる。しかし、聖霊はそういう偏見や、とらわれから私達を解放し、神の新しいみこころへと前進させるものなのである。

かくのごとく、主はペテロをして脱却せしめ、民族主義から国際主義へと転換させ、歴史の大転換をもたらした。しかし、もう一つの隠された大転換というものがこの時、同時に起されていたのである。それはコルネリオにおいて起きたものである。

いったいそれは何の転換だったのであろうか。律法の宗教から聖霊の宗教への転換であった。このコルネリオという人物は、ローマ人であったが、なぜかユダヤ教に帰依していた。おそらく彼は遠くローマの地からユダヤの地にやって来て、ユダヤ人達の信じる宗教に触れたのである。そして、その宗教の中に自分たちローマ人にはない新鮮で、また崇高な真実なるものを発見したのであろう。コルネリオはやがてユダヤ教の会堂に通うようになった。そして間もなく彼はユダヤ人達が信じている神を信じるようになっていったのである。

ローマ人達のその頃の宗教というのは、多神教であった。コルネリオはユダヤ教に触れて、これまでの疑問に解答を得たに違いない。神様がたくさんいるというのはおかしい。もし神様がおられるとすれば、ただ一人唯一の方がおられるはずだと。また、当時のローマの宗教は自然宗教であった。自然を神にする。例えば山の神、川の神、海の神。これは日本でも同じである。しかし、これもおかしいとコルネリオは思った。神様がおられるとするならば、そういった自然の中におられるのではなく、自然を越えた宇宙の造り主としておられるはずだと。更に、当時のローマの宗教の中には呪術《じゅじゅつ》が横行していた。迷信といわれるものである。これも日本と非常によく似ている。土間などにベタベタとお札などを貼ったり、占い的なものを好むなど、低俗な宗教が横行していた。しかし、ユダヤの宗教はそうではない。極めて高度な倫理的な宗教である。神様の意志が示され、人間はその意志に従っていくことが求められる。いわゆる神様の律法である。神の律法、意志というものは、本来の人間性を実現していくものである。人間性が実現せられ、人間の本来持っている可能性が開かれていき、そこにおいて人間の完成が実現されていくのである。それが律法である。彼はこのユダヤの宗教の中に真実を見いだし、これを信じるようになっていった。唯一絶対なる方を信じるようになっていった。

しかし、やがて彼は一つの問題に直面した。ユダヤの宗教は確かに正しい。そして高度な倫理的な在り方は素晴らしい。しかし、自分自身で懸命に倫理的に歩もうとしても到底歩むことはできない。良いとわかっていても、なかなか神の律法を守ることはできない。どうしてか。そこに人間の罪と弱さというものがあるのだと彼は悩み苦しんだ。良いとわかっていても、そうすることができない。むしろ、その生活の良き見取り図であるはずの律法は、自分を外から責め、さいなみ、守ることのできない自分自身を苦しめるものとなった。

この時、彼にとって神様というのは天上の奥深くに居まし給うお方であって、言うならば客体としての外なる神であった。しかし、この使徒行伝一〇章の出来事を通して、彼の内に根本的な転換が起こった。すなわち、今まで自分は外なる神に従い、外なる神の意志を実現しようと必死に努力してきたのであったが、聖霊が降り、聖霊に満たされることによって、内側に神の意志が入り込み、それが内から溢れて私達を自由にし、そして神の意志を行う者へと、いつの間にか変えられていくという体験である、神の超越的力と神の性質を、実に自分自身が帯びるようになっていったのである。そこでは、神は客体、外なる神ではなくて、内なる存在であり、主体となった。外なる神ではなくて、内なる神となり、神が内に在ってコルネリオを駆り立て、内に在って彼を促し、内に在って彼を助け、内に在って彼を導くものとなっていったのである。これが大転換でなくて何であろう。素晴らしい大発見、大転換であった。

信仰というものは、外に居給う神に私達が懸命に従おうというものではない。それは言うならば、以前のコルネリオの信仰であり、ユダヤ教の信仰である。今や、私達は聖霊をいただくことによって、内に居給う神の促しに従って、その神と一つとなって生きていくことができるのである。それが私達の信仰である。そこにあるのは、外なる神から内なる神への転換であり、服従としての神から交わりとしての神への転換である。更にこれは旧約から新約への転換なのである。多くの学者達は不十分なままでいる。旧約聖書は預言であって、新約聖書はその成就であると解釈し主張している。この解釈は確かにまちがいではないが、しかし重要なことは、旧約というものは外なる神であり、新約というものは内なる神であるということである。更に旧約というのは律法であり、新約というのは聖霊なのである。ルターは宗教改革の合言葉として「信仰によって義とされる」と言った。ルターは更に「初代教会に帰れ」と言った。しかし私は、律法に対して信仰というものを対比させ、また恩寵というものを対比させるだけでは、初代教会に立ち戻るには不十分であると考える。

今、私は「律法によらず聖霊による」と言いたい。「信仰によって義とされる」というのでなく、「聖霊によって新創造される」と言いたい。今日のカリスマ運動はこのことをはっきりとさせた点に偉大な功績がある。ルターの宗教改革の不徹底さを補い、更に徹底していったのである。すなわち、律法によらず聖霊によって、私達は新しく造られたもの、「新しい存在」（ティリッヒ）になっていく。このことを強調したのである。そして、これが私達をして更に初代教会の持っていた信仰のダイナミズムへと誘うのである。かくて、信仰によって義とされると共に、私達は聖霊によって新創造され〝新存在になる〟ということを求めなければならない。

それでは、聖霊によって新創造されるということは、いかにして可能となるのであろうか。その解答は四四節にある。すなわち、「ペテロがこれらの言葉をまだ語り終えないうちに、それを聞いていたみんなの人たちに、聖霊がくだった」。ペテロの説教は完全に語り終わっていなかった。しかし、それを聞いていた人々の内に信仰が起こった時、聖霊が降ったというのである。よく、ある人々は聖霊をいただく為には洗礼が必要だと言い、ある人々は聖霊をいただく為には悔い改めが必要だと言う。しかし、この聖書の箇所では、洗礼も悔い改めもまだされていないのに聖霊が降ったというように書かれている。これは一体どういうことなのであろうか。それは、聖霊をいただくためには、ただ信じるだけでよいということである。これこそ正に信仰によってのみである。イエス・キリストの十字架の救いが信仰によって受け取られるのならば、聖霊もまた、信仰によってのみ受け取られることができるのである。

聖霊のバプテスマというものを、特に潔め派に属する系統の人々は、信仰の成熟した段階でのみ受けることができるというように考えている。しかし、聖書を読んでいくと、決してそうではないことがわかる。ある完成の段階に到達した人のみが聖霊にバプテスマされ、満たされるのではない。そうではなくて、信仰を持った人が、持ったばかりであっても、たとえ洗礼をまだ受けていなくても、聖霊のバプテスマに与ることができると聖書には書かれている。

それ故に私達は、自分はまだこんな信仰であるから聖霊を受けるにはふさわしくない者であると考えてはならない。また、自分はこんなに罪深いから聖霊を受けることはできない者であると考えてはならない。潔められた者のみが聖霊を受けることができるというようには、聖書に書かれていないのである。ただ信じた人に聖霊が降る、信じた人が聖霊に満たされることができる、そして様々な霊の賜物が発動されていくことができると書かれているのである。

繰り返すが、誰でも信仰によって聖霊に満たされることができるのである。信仰によって聖霊をいただいて、力と喜びと愛とに満たされることができるのである。誰でも信じる人はすべて、この聖霊に与ることができるのである。何と嬉しいことであろうか。私達は自らの心を大きく開き、信じて聖霊をいただきたいと思う。聖霊に満たされたいと思う。すでに聖霊に満たされた体験をもつ人は再び聖霊に満たされて、さらに聖霊によって造り変えられていただきたいと思う。聖霊は慰め主であり、聖霊は助け主である。聖霊は力の方であり、また愛の方である。この聖霊を内にいただいて、聖霊と共に私達は素晴らしい人生を築き上げていきたいと願うものである。

3　偉大なるパートナー

よくよくあなたがたに言っておく。わたしを信じる者は、またわたしのしているわざをするであろう。それればかりか、もっと大きいわざをするであろう。わたしが父のみもとに行くからである。わたしの名によって願うことは、なんでもかなえてあげよう。父が子によって栄光をお受けになるためである。何事でもわたしの名によって願うならば、わたしはそれをかなえてあげよう。もしあなたがたがわたしを愛するならば、わたしのいましめを守るべきである。わたしは父にお願いしよう。そうすれば、父は別に助け主を送って、いつまでもあなたがたと共におらせて下さるであろう。

それは真理の御霊である。この世はそれを見ようともせず、知ろうともしないので、それを受けることができない。あなたがたはそれを知っている。なぜなら、それはあなたがたと共におり、またあなたがたのうちにいるからである。わたしはあなたがたを捨てて孤児とはしない。あなたがたのところに帰って来る。もうしばらくしたら、世はもはやわたしを見なくなるだろう。しかし、あなたがたはわたしを見る。わたしが生きるので、あなたがたも生きるからである。その日には、わたしはわたしの父におり、あなたがたはわたしにおり、また、わたしがあなたがたにおることが、わかるであろう。わたしのいましめを心にいだいてこれを守る者は、わたしを愛する者である。わたしを愛する者は、わたしの父に愛されるであろう。わたしもその人を愛し、その人にわたし自身をあらわすであろう」。

（ヨハネによる福音書一四章一二節〜二一節）

人生にとって極めて重要なことは、良きパートナーを持つことである。一九八六年、日本の政界で一つの興味深い出来事があった。それはかの故竹下登氏がそれまで所属していた田中派を離脱し、事実上、竹下派を結成したことである。

丁度その折、高砂教会で奉仕していたソイリ・リトワネン宣教師は政治に関心が深く、ある時私に、「中曽根康弘の後は誰が日本の総理大臣になるのか。安部晋太郎か」と尋ねてきた。英語の新聞には安部氏が有力だと書いてあると。私はそれに対し「竹下登です」と答えた。

私が竹下登を次期総理に予想する理由の一つは、彼の人格にある。政治家はともすれば自分が偉いような思いになって横柄になり、時には周囲の者たちを怒鳴ったりするが、彼はそうではない。非常に謙遜で温かい人柄である。二番目に、竹下登は人心収攬《じんしんしゅうらん》に長《た》けた人物だからである。県会議員の時代から他の人には真似のできない卓抜した才能があったという。たとえばそれは、人の名前をすぐ覚えるだけではなく、その人の親族や家系についてもよく記憶するという才能である。それ故、彼と話した人は、忘れていた先祖の功績等を聞かされて、これほどまでに自分に関心を持ってくれているのかと、忽《たちま》ちのうちにファンになってしまうという。

しかし、私が彼を次期総理として見極めたのは第三番目の理由による。それは彼が非常に優れたパートナーを持っていたからである。それは県議時代からの親友、故金丸信氏である。金丸氏は日本の政界の武田信玄と呼ばれる剛直で大胆な人物である。一方、竹下登は温和で控えめで慎重である。大胆でズバズバものを言う行動的な金丸氏が、どれほどか親友竹下登を支え、今日彼を総理にすべく奔走してきたことか。男冥利《みょうり》につきるというべきか。竹下登は本当に幸せな人物だと私は思う。献身的に自分に尽くしてくれるこのような良きパートナーを持つということは、政治の世界では滅多になく希有なことである。竹下氏が自分と全く正反対の性格の金丸氏をパートナーに持ったことで、彼の総理大臣への道は保証されたようなものだと、私は思っていた。

先週の水曜日、明石市民会館で三浦綾子氏の講演会があった。綾子氏の講演に先立って壇上に立った夫の光世氏は、「私は前座です。妻が真打ちです」と語った。私はそれを聞いて、「三浦綾子さんは何と幸せな人なのだろうか、このご主人の存在がなければ今日の彼女はなかった」と、つくづくと思わされた。三浦綾子氏は長い間病床に伏し、その生活は荒れすさんでいた。その上彼女は才女にありがちなわがままな性格を有し、しかも女らしさに欠けていた方であったようである。彼女が三浦氏と結婚すると聞いた父親はびっくりして、「何、綾子が結婚するのか。相手は人間か」と叫んだことは有名な話である。このように彼女は、実の父からさえも、こんな娘と結婚するような男はいない、こんな女を愛するような男はいないと思われていた。ところが、その綾子氏を五年間も待って結婚し、その後も彼女に仕え、今日まで心身共に守り通してきたのが光世氏である。

それはちょうどマリヤのためにヨセフという人物が備えられ、ヨセフはマリヤを守り、マリヤに仕えて、このマリヤがやがて神の大きな栄光を現していったように、正にそのような存在として三浦光世氏はいるのである。しかもそのことに自ら甘んじ、ひたすら妻が神に用いられるように、文学を通して主の栄光を現わすようにと支え続けてきたのである。人生において、このようなパートナーを持つことができた人は、何と幸いなことだろうか。しかしこれは特別な間柄として、主なる神が特別に備えられたが故に成り立ったと見るべきであろう。

特別な間柄、良きパートナーという意味では、趙鏞基牧師と崔子実牧師の関係もそうである。世界最大の教会を牧する趙鏞基牧師の背後には、義理の母親に当たる崔子実牧師がいたのである。二人は元々、神学校の同級生であったが、家族に捨てられた若き趙鏞基師は、崔子実師を母のように慕い、「あなたがこれから私のお母さんになって下さい」と懇願したこともあったという。そしてこの言葉の通り、後に崔子実師は長女を趙鏞基師に嫁がせ、文字通りの親子関係になった。趙鏞基師が語り、崔子実師が祈った。趙鏞基師が学んでいる間、崔子実師は家庭訪問をして歩いた。趙鏞基師の気性の激しさを、崔子実師は包容力と温かさによってカバーした。この二人の二人三脚が、今日、あの世界最大のスケールの教会を創り上げていったのである。崔子実師の存在がなければ今日の趙鏞基師はないと言っても過言ではない。

私たちの人生にとって重要なのは、このように良きパートナーを持つことである。もし、良きパートナーがいるならば、あなたの人生は素晴らしいものになっていくに違いない。私たちは何よりも良きパートナーを望み、祈り求め、願い求めていく必要がある。

「一人は千人を倒し、二人は万人を倒す。(彼らの岩が彼らを売らず、主が彼らをわたされなかったならば、どうしてひとりで千人を追い、ふたりで万人を敗ることができたであろう。)」(申命記三二章三十節)と御言葉にある。一人で千人、二人では二千人ではない。一人で当たるなら千人でも、二人で当たるならば、その十倍、万人を倒すことができるというのである。すなわち、良きパートナーが与えられることによって、私たちは十倍以上の力を発揮し、勝利することができるということを意味している。

そして正に聖書は、あなた方には最高の偉大なるパートナーが与えられたと語っている。それは聖霊の降臨、ペンテコステにおいてである。ペンテコステにおいて、実に神は、主イエス・キリストを信じる者に、上からこの偉大なるパートナーである聖霊様を贈られた。ヨハネによる福音書一四章一二節を見ると、主イエスは決別の説教を通し、弟子達に次のように語った。「よくよくあなたがたに言っておく。わたしを信じる者は、またわたしのしているわざをするであろう。そればかりか、もっと大きいわざをするであろう。わたしが父のみもとに行くからである」。主はここで、ご自身がこれまでなされた御業を、昇天後、弟子達に継承するだけでなく、もっと大きな業をするようになると約束しておられるのである。

それではなぜ、主イエスが昇天すると、私たちは、主イエス以上の大きな業ができるというのだろうか。続いて主は「わたしの名によって願うことは、なんでもかなえてあげよう。父が子によって栄光をお受けになるためである。何事でも、わたしの名によって願うならば、わたしはそれをかなえてあげよう」(一三―一四節)と語る。主が天の父の右に座して、その栄光を受けるならば、主イエスの名によって祈ることは、何でも聞き届けられるようになるという。祈りの絶大性の保証である。それ故に、私達は主の御言葉の約束を固く信じて、イエス・キリストの名によって力強く、大胆に祈ることができるのである。私達が祈る時、その終わりに「この祈りをイエス・キリストの御名によって祈ります」と付け加えるのは、この主イエスの約束の御言葉の故である。

更に、一六節から二〇節の御言葉に注目をしたい。このところで主イエスは、ご自身の代理者として私達に聖霊が与えられると告げておられる。その聖霊は私たちの内に住み、私達と共に歩まれる偉大なるパートナーとなって下さるお方だというのである。私達は皆無力な弱い人間であるが、主イエスの代理者なる聖霊が私たちに注がれ、優れたパートナーとして、密接不可分の間柄となって助けて下さるというのである。私達と主イエス・キリストは、聖霊の内住によって、今や不離不可分な間柄となる。私達が歩む時、主も共に歩まれ、私たちが祈る時、主も共に祈られ、私たちが行動する時、主も共にことをなされる。主イエスと私達は不離不可分の二人三脚の間柄として、人生航路を進んでいくことができるということである。これがキリスト教信仰の奥義である。

ところが、この素晴らしい奥義を説かない教会も少なくない。聖霊について、単に私達を信仰に導き、信仰を与え、支えてくださるお方としての理解しかなく、救いの内容はひたすら十字架の罪の贖いのみに限定し、その先へは進まない。しかし、それでは不十分なのである。それが今日の教会の根本的弱さを産み出している。十字架によって贖われた私達には、聖霊が与えられ、私達の生活は聖霊との共同生活となり、共同的な歩みとなっていることを知らなくてはならない。聖霊との交わりの中で、真のクリスチャン人生は形成されていくのである。それ故、一九節で「もうしばらくしたら、世はもはやわたしを見なくなるだろう。しかし、あなたがたはわたしを見る。わたしが生きるので、あなたがたも生きるからである」と主イエスは語られたのである。

主イエスが父の御許に行かれても、聖霊なる神が私と共におられる。それ故、私も生き聖霊様も生きる。つまり私たちは共同生活をするのである。主と私たちは相思相愛の男女以上に深い結びつきとなっていくのである。

現在の私たちの教会堂は、このような聖霊理解、信仰理解を反映すべく建てられた。私の信条として、礼拝堂は空間的象徴であり、そこに入るなら深い神の臨在を覚えるような場所でなければならないと考えている。その意味で、礼拝堂は単に集会ができればいいというのではなく、その雰囲気は霊的荘厳さを備えていなければならない。そのためにも、礼拝堂は荘厳《そうごん》さと共に優雅《ゆうが》さ、美しさに溢れ、そこには祈りが積まれて、そこに入るならば、思わず知らず人々は頭を垂れ祈りたくなるような雰囲気をと願っている。そのために、聖壇と会衆席の間の左右にローソク型の電気で飾られた華麗なシャンデリアを吊り下げた。聖霊降臨を表わすためである。同時に、聖壇両脇の壁にローソク型のブラケットを取り付けた。聖霊の臨在を表わすためである。更には、会堂外壁の正面玄関の上に、二羽の鳩のレリーフを取り付けた。

鳩はこの世では平和の象徴とみなされているが、聖書では聖霊の象徴でもある。なぜ、聖霊が鳩によって象徴されるのか、そこに深い意味があることを、私は最近発見した。

聖霊を象徴するのに鳩が採用された一般的理由として、鳩が木の枝に止まる時、或いは地面へ降り立つ時の動きの美しさが、あたかも聖霊が天から降ってくるかのように見えるからであると言われている。しかし別な意味がある。鳩には帰巣性《きそうせい》、即ち元の巣に戻る習性があるからとも言われる。これについては一八節の御言葉、「わたしはあなたがたを捨てて孤児とはしない。あなたがたのところに帰って来る」が符合する。主イエスは昇天後聖霊として再びやって来て、この地上で持続的に業を進められるというのである。

更に鳩は、時として伝書鳩として遠距離飛翔《ひしょう》に用いられる。昔、通信手段の無かった時代には、鳩は伝書鳩として飼育された。この伝書鳩は必ずパートナーを必要とし、そのために雛の時からつがいにして二羽一緒に訓練する。そうすると一対の鳩は互いに協力しながら悪条件を克服してその務めを果たしていく。そして片方が死ぬと、もう一方は永久に娶《めと》らず嫁《とつ》がず独身を通し、やがて気力が衰えて感覚が鈍り、遠距離飛翔ができなくなる。このように一対になった時、両者はその生命的な結合の中で、大きな働きをしていく。鳩とはそういう動物なのである。

私と聖霊との関係も正にこの一対の伝書鳩のようなものである。この一対の鳩に象徴されるように、私と聖霊とは偉大なるパートナーとして、この地上の歩みを共に続けることができるのである。然り、その通り。私達は一人で生きているのではない。主イエスを信じる者には、聖霊が共に生きていてくださる。私達は決して一人ぼっちでも孤独でもない。また、自分一人で事をなしているのでもない、聖霊が共に働き共に御業をなして下さるのである。何と素晴らしいことではないだろうか。

私達は聖霊との深い絆、結合関係の中で、共に神の御業をなしていく。そしてそれは一五節の御言葉、「もしあなたがたがわたしを愛するならば、わたしのいましめを守るべきである」との勧めの如く、聖霊への服従によって保持されていく。常に私達が聖霊に従っていくなら、私達の内にキリストとの一体関係は強められ、聖霊との結合関係が確固たるものとなっていく。そして私達の内に聖霊の人格が豊かに現れ、愛と平安が醸《かも》し出されるのである。

「聖霊、聖霊、ハレルヤ共にあり」という讃美を私たちの教会ではよく歌う。韓国でも、しばしばこの聖歌が歌われる。この讃美は日本の讃美歌や聖歌の中からは削除されている。世界的にも有名なこの讃美が日本の聖歌や讃美歌の中には入れられていないのである。ここに日本の教会の致命的な弱さがあるように思われる。私達は「聖霊共にあり」と高らかに歌おう。聖霊が共に歩んで下さるのだから。また、私達は祈ろう。「聖霊様よ、私と共に働いてください」と。大事な場面に遭遇した時「聖霊様よ、私と共に事をなしてください」と。そして、聖霊と共に難しい困難な仕事をやり抜いていこうではないか。そのために主イエスはこの地を去るに当たり、聖霊が私達の偉大なるパートナーとして、地上に降ると遺言されたのであるから。ならば、私達はこの素晴らしい遺言を身に受けた者として、この地において、聖霊様を偉大なパートナーとして戴き、勝利と成功と豊かな人生を必ずや、築いていきたいものである。

4　無償の賜物としての聖霊

さて、散らされて行った人たちは、御言を宣べ伝えながら、めぐり歩いた。ピリポはサマリヤの町に下って行き、人々にキリストを宣べはじめた。群衆はピリポの話を聞き、その行っていたしるしを見て、こぞって彼の語ることに耳を傾けた。汚れた霊につかれた多くの人々からは、その霊が大声でわめきながら出て行くし、また、多くの中風をわずらっている者や、足のきかない者がいやされたからである。それで、この町では人々が、大変なよろこびかたであった。

さて、この町に以前からシモンという人がいた。彼は魔術を行ってサマリヤの人たちを驚かし、自分をさも偉い者のように言いふらしていた。それで、小さい者から大きい者にいたるまで皆、彼について行き、「この人こそは『大能』と呼ばれる神の力である」と言っていた。

彼らがこの人について行ったのは、ながい間その魔術に驚かされていたためであった。ところが、ピリポが神の国とイエス・キリストの名について宣べ伝えるに及んで、男も女も信じて、ぞくぞくとバプテスマを受けた。シモン自身も信じて、バプテスマを受け、それから、引きつづきピリポについて行った。そして、数々のしるしやめざましい奇跡が行われるのを見て、驚いていた。エルサレムにいる使徒たちは、サマリヤの人々が、神の言を受け入れたと聞いて、ペテロとヨハネとを、そこにつかわした。ふたりはサマリヤに下って行って、みんなが聖霊を受けるようにと、彼らのために祈った。それは、彼らはただ主イエスの名によってバプテスマを受けていただけで、聖霊はまだだれにも下っていなかったからである。そこで、ふたりが手を彼らの上においたところ、彼らは聖霊を受けた。シモンは、使徒たちが手をおいたために、御霊が人々に授けられたのを見て、金をさし出し、「わたしが手をおけばだれにでも聖霊が授けられるように、その力をわたしにも下さい」と言った。そこで、ペテロが彼に言った、「おまえの金は、おまえもろとも、うせてしまえ。神の賜物が、金で得られるなどと思っているのか。おまえの心が、神の前に正しくないから、おまえは、とうてい、この事にあずかることができない。だから、この悪事を悔いて、主に祈れ。そうすればあるいはそんな思いを心にいだいたことが、ゆるされるかも知れない。おまえには、まだ苦い胆汁があり、不義のなわ目がからみついている。それが、わたしにわかっている」。シモンはこれを聞いて言った、「仰せのような事が、わたしの身に起らないように、どうぞ、わたしのために主に祈って下さい」。

使徒たちは力強くあかしをなし、また主の言を語った後、サマリヤ人の多くの村々に福音を宣べ伝えて、エルサレムに帰った。（使徒行伝八章四節〜二五節）

キリスト教の宣教は、迫害を通して全世界に広がったといっても過言ではない。初代教会は誕生すると間もなく、迫害の嵐を受けねばならなかった。しかし、この迫害によって主イエスの預言のごとく、人々はエルサレムから散らされ、ユダヤ、サマリヤへ、そして全世界へと逃れつつ福音の種を蒔《ま》いていった。教会が迫害を受けるのは大きな悲劇ではあったが、神はこの悲劇をも用いられ、パレスチナの地から、さらに全世界に向かって福音伝道の業は展開していったのである。

その最初の大規模な迫害とそれに伴って起された宣教の働きが、この箇所で書かれている。ここにピリポという人物が登場する。このピリポはキリストの十二弟子の一人のそれではなく、初代教会が選んだ七人の執事の一人であり、教職者ではなかった（使徒六・五）。言うならばレイマンと呼ばれる信徒献身者であった。しかし、信徒にすぎないピリポが、サマリヤにおいて縦横無尽の伝道の業を展開する。初代教会の驚くばかりの宣教の拡大は、聖霊に満たされた信徒たちによって、いかに力強く担われていったかが、ここに窺《うかが》い知ることができる。

今朝、私たちはユース・ウィズ・ア・ミッションの若い兄姉と共に礼拝を守っているが、彼らも信徒にすぎない。しかし、彼らは全世界に出て行って福音を宣べ伝え、さまざまな奉仕に携わり、きわめて大きな働きをなし、多くの人々によき影響を与えている。彼らもまた聖霊に満たされている信徒、いわゆるレイマンに過ぎない。にも拘わらず、行く先々で素晴らしい主の業が展開されている。彼らが祈る時、癒しの業が起こされ、命じる時、悪霊は追放される。彼らの献身的な真実をこめた奉仕を通して、神の御業が現わされている。主の霊が臨む時に、ただの信徒であっても、主はかくも豊かに用いられるのである。

彼ら同様、現代の教会における信徒たちの働きの一つに〝フル・ゴスペル・ビジネスマン・フェローシップ〟がある。彼らも同様に信徒にすぎない。しかし、聖霊に満たされた彼らビジネスマンたちは、今や世界各地で聖霊の御業を展開している。今日、カリスマ運動を通し、これらの信徒献身者がめざましく用いられている現実がある。聖霊が働く時、牧師や神父だけでなく、信徒たちも立ち上がって、主の御業を担う者となる。

ピリポの伝道がまさにそうであった。彼の伝道は単に言葉だけでなく、しるしと不思議が伴っていた。そこには主イエスと同様の伝道が展開されたのである。初代教会の爆発的な成長は、実にカリスマ的伝道にあった。福音宣教が言葉だけにとどまらず、目に見えるしるしとして人々のなかに現されたのである。奇跡の業を通して、神の生きた現実が人々の前に証されていったからである。

ところが、カリスマ運動を批判する人たちは、目に見える奇跡的な事柄より、永遠の命が大切だと反論する。確かにそうである。しかし、多くの人々は明日のご馳走よりも、今日必要な一切れのパンが欲しいというのもまごうことなき現実である。死んだら天国に行けるということより、今の問題の解決を願う。今、自分に襲っている困難や試練、悲劇をいかに乗り越えることができるか、これが緊急の課題であり、重要事なのである。この具体的な人々の願いのただなかに、生きた神の働き、信仰のダイナミズムが表されてこないなら、その信仰は「絵に描いた餅」と同様にしか映らない。そして大切なことは、地上の見える奇跡が、永遠の命という見えない奇跡を指示し、つないでいくということである。信仰を観念的にとらえ、やがて来るであろう永遠の命を想定し、それに希望を託すだけでなく、今、具体的な問題が解決される中で、将来起こる大きな奇跡が確信をもって期待できるのである。それ故に、私たちにとって聖霊が現実的な生活において今なお働かれていることを体験することは、大変重要な意味がある。

趙鏞基牧師の伝道は、ソウルの貧民窟から始まった。若き趙牧師はその所で、熱心に救いを伝え、罪の赦しと永遠の命を語った。しかし、そこにいる人々は「牧師さん、私たちが欲しいのは、今日食べる食事と、今日着る着物だ」と冷やかに応答してきた。趙牧師はその言葉の前に愕然《がくぜん》とし、深く思い悩んだ。そしてその深い苦悩の中から、彼はヨハネの第三の手紙二節の御言葉「愛する者よ。あなたのたましいがいつも恵まれていると同じく、あなたがすべてのことに恵まれ、またすこやかであるようにと、わたしは祈っている。」が示され、そこから「三拍子の祝福」の救いが生まれたのである。「三拍子の祝福」とは聖書が語る福音であり、それは霊的な救いだけでなく、肉体的な病も癒され、経済も潤されていくという天上的と同時に、地上的救いをも含んだメッセージである。この「三拍子の祝福」のメッセージは、貧困と病苦に喘いでいた当時の韓国の民衆を救ったのである。もし、趙牧師が相も変わらず、霊的な救いのみを説いていたならば、あれほど多くの人々は彼の教会に集らなかったであろう。しかし、彼の語る福音は真に現実的かつ具体的で、人々の日常生活そのものを改善する力を持っていたのである。

ピリポの伝道も正にそうだった。それゆえ、サマリヤの人々は彼のもとへ集ってきて、どんどん改宗し回心して、イエス・キリストを信じる者となった。その中の一人に、魔術を行っていたといわれるシモンがいた。最近の研究によると、彼はバプテスマのヨハネの優れた弟子ドシテウスのまた弟子だといわれ、エステリウス派に属し、自らの努力によって霊能を開発したのだといわれている。人間は霊的存在であり、誰でもその内側に何がしかの霊能を持っている。その霊能を修行によって開発すると、超自然的な業を起こし得る者となる。現代でも自らの霊能を用いて、様々な不思議を行う人々がいるが、シモンもまた、そのような人物だったのだろう。彼の超自然的な霊能により、多くの信者が集まっていた。

そのシモンが、ピリポの奇跡を見て驚いた。ピリポのあまりにもめざましい奇跡を見て彼は回心し、シモン教団に属していた人々も、皆改宗したのである。人間の霊能の開発による力と、聖霊の働きの違いである。人間は誰でも、ある程度霊能を研ぎ澄まし、磨くなら、超自然的な業を行うことができる。しかし、聖霊の御力は、神からくる上からの霊であり、人間の霊能開発の及ばないはるかに素晴らしい御業が遂行されることになる。また、人間の霊能の開発には、どこか暗さが伴っている。それは自らの意志と力による辛苦や修行によって、内側の力を削ぎとるからであり、そこにはどうしても暗さがつきまとう。しかも時として高慢が生じる。ところがピリポの働きには、喜びと自由があった。それゆえ人々は、ピリポに大きな魅力を感じたことは疑い得ない。聖霊に満たされる時、単に不思議としるしをなす力が与えられるだけでなく、内側からの喜びと自由に溢れて生きることができる。

台湾の高砂族の一つ、アミス族の町に光復教会という大きな教会がある。この町の八十パーセントぐらいはクリスチャンで、現在教会が建っている二千坪の敷地には、元来日本の神道の社《やしろ》が建っていた。この町に、大東亜戦争後、一人のカリスマ的信仰をもった宣教師がやって来た。彼の働きがあまりにもめざましく、内から溢れる喜びと愛と自由がアミス族の人々を魅了した。元々、高砂族の人々は純真で清らかな心をもっている。そこに福音が届けられるや、直ちに主イエスを信じる多くの人々が起こされ、大挙して回心、クリスチャンの町といわれるまでになった。そして、これまで自分たちが信じてきた宗教を捨て、その社を取り壊して、そこに大きな教会堂を建てた。このように、聖霊が圧倒的に働かれる時、大規模なリバイバル、集団回心が起こされる。

ピリポの宣教もそうだった。大規模な回心とリバイバルがサマリヤに起こったというニュースは、エルサレム教会にもたらされた。そこで、ペテロとヨハネが視察に赴《おもむ》くことになる。この当時キリスト教会の中心はエルサレムにあり、主流派のユダヤ人クリスチャンにとって、サマリヤの人々は侮蔑《ぶべつ》の対象ですらあった。それ故にサマリヤに信仰の復興が起こるとは信じ難いことであった。なぜなら、ユダヤ人たちには選民意識が根強くあり、救われるのは自分たちだけだと自負していたからである。かつて偶像礼拝に走った、あの混血の民サマリヤ人の間に、報告されているような大規模なリバイバル、集団回心が起こることなど、到底信じられないことであった。しかし、主の御霊は民族を超え、さまざまな隔ての中垣を超えていく。主の御霊は人種間の差別や偏見を突破する。

もう一つ、ペテロとヨハネがサマリヤに遣《つか》わされた目的は、聖霊のバプテスマを人々に賦与《ふよ》するためであった。たしかにピリポはカリスマ的伝道を行ったが、彼には聖霊のバプテスマを授ける力まではなかった。それは油注がれた者にのみ可能な務めだからである。そこでペテロとヨハネがやって来て、按手して祈ると、サマリヤの人々は直ちに聖霊を受けた。そしてピリポと同様に、彼らもカリスマ的な力をもって伝道を展開していったのである。

私たちが福音宣教を進めていくためには、是非とも聖霊のバプテスマが必要である。聖霊のバプテスマを体験したクリスチャンとそうでないクリスチャンとは、一見してその差はわからない。しかし、霊の可能性、信仰の可能性において、その差は顕著に生じてくる。もしあなたが、既に聖霊のバプテスマを受けているなら感謝しよう。まだ受けていないなら熱心に求めよう。クリスチャンの中には、折角聖霊のバプテスマを受け、賜物をいただきながら、それを用いず、錆《さ》びつかせている場合があるが、本当に残念なことである。聖霊のバプテスマは、あってもなくてもどちらでもよいというようなものではない。それはあなたの宝である。与えられたなら、それを大切に保持し続け、また人々のために用いて、さらに聖霊により頼む生活をなすべきである。

かつて、バプテスマのヨハネは、「私は水でバプテスマを授けるが、しかし、その方は火と聖霊によってバプテスマを授けられる」と叫んだ。偉大なる宗教家、預言者ヨハネでさえも、「私はその方の靴の紐《ひも》を解く値打ちもない」とまで言った。このようにヨハネが告白した如く、聖霊にバプテスマされることは、すばらしい恵みであり特権なのである。もし、それを受けていながら、不信仰な生活をしているなら、ただちに悔い改めるべきである。なぜなら、聖霊のバプテスマの恵みがあまりにも素晴らしいゆえに、もし不信仰な生活をしていると反動が起き、聖霊ご自身がその人を打たれることになるかもしれない。聖霊のバプテスマに与った者は、心して不信仰に陥らないように日々聖霊に満たされ、祈りの生活に励むべきである。また、まだ受けていない人も、必ず主は時を備えて与えられるゆえに、ひたすら祈り待ち望んでいこう。

もう十年以上も前になるが、ユース・ウィズ・ア・ミッションのイエッタ姉が当教会再を訪問されて、次のように私に語ったことがある。「先生、すばらしい教会になりましたね。八年前に来た時と全く異なって、讃美がすばらしく、また会員も多くなっていて驚きました。その秘訣はどこにありますか」。そこで私は「それは聖霊の働きです」と答えた。彼女はこぼれるような微笑で頷《うなず》いていた。その光景を思い起こしつつ、私はつくづく覚えさせられた。聖霊の御力に与ることはすばらしい恵みであり特権なのであると。

では、この重要な聖霊のバプテスマに与るためにはどうすればよいのだろうか。その手段として、油注がれた者による按手ということが必要なのである。按手なしでも授かる場合がある。しかし按手が最も一般的であり効果的である。

今から百年程前の一九〇〇年、アメリカのカンザス州トペカに小さな神学校が設立された。設立者はチャールズ・パーラムという若き牧師であった。彼は学生たちと一緒に、初代教会の信徒たちの信仰に学び、その回復をめざしていた。どうして、初代教会の信徒たちは、あんなに活き活きとした信仰生活ができたのか。彼らは喜びに溢れ、愛に溢れ、その上様々な奇跡が日常的に行われていた。それに比べ、今日クリスチャンとは名ばかりで、その信仰は沈滞し、喜びも感謝も力もなく、奇跡も起こらない。彼は悩みつつ聖書研究に没頭した。そしてその中で、彼は異言を伴う聖霊のバプテスマの存在を発見した。聖霊のバプテスマこそが、初代教会の信仰の秘密の鍵ではなかったかと気付かされたのである。聖書の中には、聖霊のバプテスマの経験が記され、その時に人々は燃やされ、信仰が復興した有様が描かれている。この発見を通して、彼らは異言を伴う聖霊のバプテスマを求め始めた。しかし、何日経っても異言を語ることも、聖霊の満たしも与えられなかった。チャールズ・パーラムには分らなかった。こんなに祈り求めているのに、なぜ聖霊は与えられないのか。彼は深く失望した。

その年の暮れ近く、一人の女子学生が彼の所に来てこう言った。「先生、聖書には按手して祈った時に、聖霊が降ったという箇所がたくさんあります。どうか、私にそのようにして下さい。あなたは牧師ですから、主によって選ばれ、油注がれた方ですから、私の上に手を置いて祈って下さい」と。そこでチャールズは彼女の頭に手を置いて祈り始めた。すると彼女は突然に聖霊に満たされ、異言がほとばしり出たのである。ここから、今日のカリスマ運動の先駆であるペンテコステ運動が勃発《ぼっぱつ》した。このように、聖霊のバプテスマは按手を通して求める者には誰でも与えられるのである。

ところが、一八節以下に奇怪な事件が記されている。それは魔術師といわれたシモンが、お金で神の賜物を買おうとした結果、厳しい叱責《しっせき》を受けたという記事である。シモンは神の無償の賜物を、有償のものと誤解した。聖霊は代価を払うことによって、はたまた人間の様々な条件によって与えられるものではない。ただ信じ求める者には誰にでも与えられるものなのである。

しかしシモン同様、この誤解は教会の歴史の中で今なお引き継がれ、その結果、聖霊の業は封じ込められている。以前、高砂教会の信徒の中に、よく奉仕をし、よく捧げる模範的な一組の夫婦がいた。教会が聖霊の恵みに与る中で、彼らも聖霊のバプテスマと賜物を求めた。しかしなぜか容易に得られなかった。彼らより後から入ってきた人々が次々と聖霊のバプテスマを受け、自分たちよりはるかに不熱心に見えた人々が聖霊に満たされ、賜物を発揮するようになった時、次のように言い出した。「あんな人たちに聖霊が与えられて、私たちに与えられないのはおかしい。この教会の聖霊は偽ものだ」と。彼らは真面目にそう考えてまもなく教会を去って行ったが、自分たちが大きな誤解をしていることには気づかなかった。彼らは、聖霊は立派な信者に与えられると考えていた。しかし、聖霊は誰にでも与えられ、その意味で十字架の贖いの救い同様、無償であり、無条件である。十字架の贖いと救い、聖霊のバプテスマもみな信仰によってのみ与えられるものである。

マルチン・ルターは十字架の救いは信仰によってのみ与えられると高調し、人間の側のいかなる条件、功績をも排除した。これによって人類の歴史は大きく変わっていったように、今の時代にあって、聖霊のバプテスマもまた、信仰によってのみ与えられることを強調したい。しかし、この大切な真理に立たず、今なお聖霊のバプテスマは一定の高さに至った模範的なクリスチャンにしか与えられないという人々や教派がある。これは、聖書的にも明らかに誤りなのである。

ピリポによって回心したサマリヤの人たちは、クリスチャンとしては初心者である。しかも彼らは長い間偶像崇拝をしてきた人々であった。そのため、まだキリスト教の教理も内容も理解してはいなかった。にも拘わらず、彼らは使徒たちの按手によって聖霊のバプテスマを受けることができた。彼らは信仰的に立派な人だっただろうか。否である。ただ素直に信じ、素直に按手を受け入れ、聖霊を求めた人たちに過ぎなかった。

私たちもまた、彼らのように素直な思いで信じ求めていく時、聖霊のすばらしい恵みに浴することができる。このことに誰も例外者はいないのである。求める者は誰でもこの恵みからもれることはない。本気で信じ求めるなら、誰でも聖霊のバプテスマが与えられる。私たちの信仰生活における大切な宝である聖霊は、無償で与えられる賜物なのである。

5　聖霊を受けたか

アポロがコリントにいた時、パウロは奥地をとおってエペソにきた。そして、ある弟子たちに出会って、彼らに「あなたがたは、信仰にはいった時に、聖霊を受けたのか」と尋ねたところ、「いいえ、聖霊なるものがあることさえ、聞いたことがありません」と答えた。「では、だれの名によってバプテスマを受けたのか」と彼がきくと、彼らは「ヨハネの名によるバプテスマを受けました」と答えた。そこで、パウロが言った、「ヨハネは悔改めのバプテスマを授けたが、それによって、自分のあとに来るかた、すなわち、イエスを信じるように、人々に勧めたのである」。人々はこれを聞いて、主イエスの名によるバプテスマを受けた。そして、パウロが彼らの上に手をおくと、聖霊が彼らにくだり、それから彼らは異言を語ったり、預言をしたりし出した。その人たちはみんなで十二人ほどであった。

（使徒行伝一九章一節～七節）

パウロの第三回伝道旅行の初めに遭遇《そうぐう》した顕著《けんちょ》な事件が、この箇所である。それは、アポロという人物がコリントに居た時に起こった。アポロについては、一八章二四節から紹介されているが、ルカはこの人物を意識しつつ、これをパウロと比較して記した跡がうかがえる。

元来アポロは、バプテスマのヨハネ教団に属していた。にもかかわらずこの時には、イエス・キリストを宣べ伝えていた。これはエルサレム初代教会の形成に当たって、イエスの弟子や信者たちの群と、バプテスマのヨハネに従ってきた者たちが合流したためであろう。バプテスマのヨハネは「わたしのあとから来るかたは、わたしよりすぐれたかたである。わたしよりも先におられたからである」（ヨハネ一・一五）と証し、「イエスこそ真実の救い主だ」と指し示していたからである。その結果、ヨハネの死後、彼の弟子たちやエッセネ派の信者たちが、多数初代教会に流入したと思われる（バプテスマのヨハネは、死海写本の発見により、エッセネ派出身であることが明らかになっている）。

しかし、ここに一つの問題があった。イエスの弟子たちで形成された最初のクリスチャンとヨハネの弟子たちの間には、決定的な相違があった。欠如といってもいい。それはイエスの弟子たちに注がれた聖霊を、ヨハネの弟子たちは経験していなかったことである。あのペンテコステからたった二十四年しか経っていないのに、もう聖霊を知らないクリスチャンがいたというのは信じ難いことであるが、今日の私達には測り難い当時の社会状況があったのであろうが、最大の理由は、あのペンテコステの出来事に、彼らが立ち会っていなかったことによる。そこでパウロは、アポロの宣教の後、その欠けを補い、信仰生活に不可欠な聖霊を、エペソの信者たちに賦与《ふよ》していったのである。

一節の後半に「パウロはある弟子たちに出会った」と記されている。ある弟子たちとは、バプテスマのヨハネの弟子だったのか、アポロの弟子だったのかはわからない。しかし、彼らもイエス・キリストを信じる人々であった。ルカはイエスを信じた者に対し、キリスト者、クリスチャン、信者等の呼び方をせず、〝弟子〟と記している。弟子とは、主の教えに学び、服従する人のことである。学ぶだけでなく、受けるだけでなく、主イエスに服従していく人、更に自己中心の信仰から脱して、神とキリスト中心の信仰をもつ人、そしてそのための犠牲をいとわず、自分を捨てる覚悟のある人を弟子という。故に、敢えてルカは信者でなく〝弟子〟と呼んでいるのである。私たちもまた単なる信者ではなく、弟子となるように召されていることを知らなくてはならない。

多くのクリスチャンは、単なる信者にとどまってしまい、そこに安住してしまう。しかし、主が私たちに望んでおられるのは、真の弟子となることである。私たちは主の御言葉に傾聴し従う者、犠牲をいとわない者となるように期待されているのである。そしてそのためには、まず聖霊を受けることが不可欠である。人間は自分の力や、肉の力を頼んでキリストの弟子となることはできない。上からの聖霊の力に支えられ導かれてこそ、真のキリストの弟子となれるのである。

二節でパウロは問う。「あなたがたは信仰にはいった時に、聖霊を受けたのか」と。「信仰にはいった時に」はギリシヤ語の「ピストューサンテス」という言葉が使われており、これは不定過去分詞で同時起生の形をとっている。つまり、二つの出来事がある時点で、同時に即応して起こり、それが継続している状態をあらわす。すなわちパウロはここで、キリスト教を信じ信仰をもつということは、同時に聖霊を受けることなのだと主張しているのである。聖霊に満たされることなしには、キリスト教の信仰は成り立たない、というのがパウロの信仰理解であり、また初代教会の信仰理解でもあった。

アメリカにおいて、これに絡《から》む辛辣《しんらつ》な諺《ことわざ》がある。それは「お前のような奴は、聖霊を受けずに牧師になれ」というものである。日本でいえば「お前のような奴は、豆腐の角に頭をぶつけて死んでしまえ」というところなのだろうか。豆腐の角に頭をぶつけて死ねないように、聖霊を受けずに牧師になることはできない。そんなことはあり得ないのだという意味合いを持っている。ところが、このあり得ないと思われてきたことが、今日、日本の教会にまかり通っている現実がある。私は日本の教会の低迷の最大の理由はここにあると考えている。

ある時、新任地へ赴任《ふにん》されたばかりの年配の牧師が私を訪ねて来られた。そして、その方は私に驚くべきことを告げられたのである。その教会は元々八十名ほどの教会だったが、年々会員が減少し、前任の若い牧師は生活苦を理由にアルバイトを始めた。その内教会員は五名足らずとなり、その牧師はあろうことか、教会の生命線である礼拝を放棄して仕事を取ったという。これは極端な例ではあるが、こんな考えられないような事が、多少なりとも現実に、教会に起こっている。そしてこの憂うべき現実は、私が思うに、彼らに聖霊体験がなく、聖霊に満たされていない事が最大の理由であると、私は思う。

パウロの問いに対し、人々は聖霊というものがあることさえ知らなかったと答え、自分たちはヨハネの名によるバプテスマを受けたと告げている（二節後半〜三節）。ヨハネの名によるバプテスマとは悔い改めのバプテスマであり、ヨハネは人々に「罪が赦されるために悔い改めよ」と迫った。悔い改めが罪の赦しをもたらすというのがヨハネの定式で、「悔い改めないならあなた方は審かれる」という彼の説教を聞いて、人々は恐怖を覚え、ぞくぞくとヨルダン川に来てバプテスマを受けたのである。

これに対し、イエスの名によるバプテスマ、すなわち、キリスト教の洗礼は、主イエスの十字架の贖いを信じる信仰がありさえすれば救われる。イエス・キリストが人類の罪の身代わりとなって十字架に架けられ、罪を代受して下さった。このようにまず主を信じる信仰から始まる。そしてその結果、罪赦され、その実として悔い改めが起こされる。くり返して言う。主の十字架によって贖われ、罪の赦しを体験した者がその結果として、悔い改めの実を結ぶのである。逆にいえば、悔い改めの心が起こらないのは、本当の意味での罪の赦しを経験していないからであり、真の十字架の赦しが未だ十分にわかっていないからである。

さらにキリスト教の洗礼は、洗礼を通して罪の赦しを受けると共に、聖霊をも受けることを意味している。私たちの教会の洗礼は、頭に水を注いで按手して授ける、いわゆる滴礼という形式をとっている。これは按手を通して聖霊を受けることをも目指したものである。この洗礼の方法は初代教会というより、主イエスの洗礼において暗示されているバプテスマの意味内容を暗示している。

ここで私たちは一つの疑問にぶつかる。主イエスはヨルダン川でバプテスマのヨハネから洗礼を受けられたのだが、なぜ、罪のない神の御独り子なる方が、罪の赦しのしるしとしてのバプテスマを受ける必要があったのだろうかという疑問である。神学者オスカー・クルマンは「主イエスの洗礼は総代洗礼で、主はすべての人の代表として洗礼を受けられた」（『新約聖書の洗礼論』）と説明する。その時天が開け、神の御霊が鳩のように、イエスの上に降ったと聖書にあるのは、主イエスが受けられた洗礼の目的は、むしろ父なる神からの御霊が洗礼と共に注がれるためであったことを意味しているという。主イエスはヨルダン川にて、溢れるばかりの聖霊の満たしを体験し、我々の模範となられたこのような洗礼こそ、今日私たちが目指しているもので、そこでは罪の赦しと共に、聖霊にバプテスマされることに重点がある。なぜなら、聖書の目指す救いは単に罪の赦しにとどまらず、さらにその先にある聖霊、天来の神の霊によって満たされていくことにより、主イエスに続いて私たちも神の子となることにあるのだから。この意味で、キリスト教は本来は聖霊の運動なのであり、カリスマ的信仰、霊的神秘的宗教である。にもかかわらず、多くの既成教会が聖霊を自覚的に受け入れず、十字架の赦しのみにとどまっているのは残念なことであり、両者の信仰による相違は大きいと言わざるを得ない。

その第一は、内側から溢れる喜びと輝きの違いである。パウロはエペソのクリスチャンと出会った時、彼らがまだ聖霊を受けていないと見抜いたようだが、どこでそれを見分けたのであろうか。なぜパウロは「あなた方は信仰に入った時に、聖霊を受けたのか」と問うことができたのであろうか。それはおそらく、彼らには内側からの聖なる輝き、喜びが見られなかったからであろう。

迫害下の社会主義国では、クリスチャンであるとの表明は即逮捕を意味した。それほどに厳しい弾圧下にあった。それではクリスチャン同志はどのようにして連絡し合ったのであろうか。互いの信仰をどこで見分けたのだろう。それは内側の輝きによったといわれている。かつてのソビエトなどにおいては、聖霊に満たされたクリスチャンしか迫害に耐えることはできなかったといわれている。なぜなら、その迫害はあまりにも過酷だったからである。迫害に耐えて、残されたクリスチャンは皆、聖霊に満たされた人々であり、彼らには他の人と違う内側からの輝きがあって、その輝きによってクリスチャンであることを互いに見分け合ったという。そして、励ましあいながら迫害下を生きぬいていったというのである。

私の初著『キリスト教の第三の波』の出版記念会で、この本の出版に骨折って下さったキリスト新聞社のN氏がその祝辞で述べられたことが、私に今なお印象深く残っている。キリスト新聞社はこれまで社会派的あるいは教養主義的な出版物が多く、今回の『キリスト教の第三の波』のような霊的と言われる書物を出版することは殆どなかった。そのような出版事情の中で、彼はこの書物の出版を手がけた理由を次のように語った。「自分がカリスマ運動に強く惹《ひ》かれ、関心をもったのはカリスマの人々はなぜか明るい。宗教、信仰はこうでなくてはいけない。信仰をもっているというなら、その人は解放されて、明るく輝いているのが本当ではないか。この意味で私はカリスマ運動に常に好意をもち、手束牧師の著書の出版に踏み切った」と。確かに的を得た言葉である。聖霊の満たしは、私たちの内側に明るさをもたらし、輝きをもたらし、それはやがてまわりに溢れ出すものである。ところでこのようなことを言うのは憚《はばか》られるのだが、高砂教会は美人が多いとの評判があるようである。しかし大概の場合、最初教会に来初めの頃はそうでもなかった。ところが、やがて聖霊に満たされて内なる輝きが増し、喜びが表情に溢れくるので、段々と所謂《いわゆる》「聖霊美人」になっていくのではないかと私は分析している。

第二の違いは、六節に記されている異言や預言を語るようになるところにある。つまり、霊の賜物が表出されることである。聖霊のバプテスマを受け、異言を語るようになると、その異言を突破口として、人にはできない奇跡が、次々とその人を通して起こされる。これがカリスマ的クリスチャンの特徴であり、たとえ信徒であっても、信仰を持って手を置いて祈ると、病める人が癒され、悪霊は追い出される。世間一般では、このような人を霊能者として特別な人とみなす。だが聖霊に満たされたクリスチャンはみな、霊能者となり奇跡を行うことができるようになる。異言が突破口となって、内側に潜在している不思議な霊の賜物が引き出され、自分自身の人生が大きく飛躍するだけでなく、その奇跡は周りをも変えていくものとなる。もしあなたが、既に聖霊のバプテスマを受けたにもかかわらず、少しもそのような不思議を体験していないというなら、祈りと従順が欠けてはいなかったかと反省する必要があるのではないだろうか。

聖霊のバプテスマを受け、御霊に満たされ続ける鍵は、祈りと教会生活にある。祈り、異言を語ることによって、また、聖書を読み礼拝を捧げることによって、聖霊の活き活きとした内住は保たれていく。そして、主の御霊に導かれ従っていくならば、あなたの人生にも必ず主の奇跡、神の御業は起こされるのである。しかし、悪魔は騙《だま》し、さまざまな誘惑をもって、祈りや信仰から私たちを遠ざけようとする。せっかく聖霊のバプテスマを通して与った霊的賜物という宝を無価値なもの無力なものにしようと、あらゆる策略をしかけてくる。このような悪魔の奸計《かんけい》に惑わされず、主から与った大切な宝を保持しつつ、主の栄光のためにこの力を豊かに発揮して用いていきたいものである。

三番目の違いは何なのか。そのことを知るヒントは七節にある、御霊に与った人は十二人ほどだったという記事である。なぜ、この物語の最後に人数が記されたのだろう。しかも十二という数である。十二と七は聖書の完全数であり、七は神の完全、霊的完全を意味する。神が七日間で天と地を創造されたというのは、天と地の創造の完全さを表わしている。他方十二という数は人間がこの世で形成できる最高の完全をあらわす。例えば、イスラエルは十二部族より成り、主の直弟子は十二人であった。すると、ここで記されている聖霊に満たされた人が十二人だったとの報告は、ここに人間の形成し得る理想的共同体が実現したことを意味する。聖霊に満たされた人々が集まるところ、そこに人類が歴史を通し希求した理想的な真の共同体が実現するということである。

古代、哲学者プラトンは、理想的国家共同体を求めて「国家論」を著し、中世にはトマス・モアが「ユートピア」を著した。また、近世においては、カール・マルクスが「共産党宣言」をもって、人類の理想的社会を描き、単に描くだけではなく、実践に移した。しかし、それは完全に失敗に終わったことは周知の如くである。聖霊の介在なくして進められても、これらの企てが成功するはずがないのである。

聖霊に満たされ、聖霊によって人々が造りかえられるときに初めて、そこには理想の社会、理想の共同体が実現する。それが教会であり、人類が真に希求した理想の共同体がこの教会において現実のものとなったのである。神が教会をこの世に存在させられた意味は、わけても聖霊に満たされた教会、カリスマ的教会の存在の意味は、長い歴史を通して全人類が求め続けた問いに対する答えであり、成就、実現なのである。このように聖霊に満たされている人々の共同体としての教会は、人類史的な意味を持ち、人類の積年の願いの実現に他ならない。

「あなた方は信仰に入った時に、聖霊を受けたか」と問われるならば「はい、信仰に入った時に聖霊を受けました。その後も受け続けています」と喜んで答える者となっていこう。

6　最良の贈り物

また、イエスはある所で祈っておられたが、それが終ったとき、弟子のひとりが言った、「主よ、ヨハネがその弟子たちに教えたように、わたしたちにも祈ることを教えてください」。そこで彼らに言われた、「祈るときには、こう言いなさい、『父よ、御名があがめられますように。御国がきますように。わたしたちの日ごとの食物を、日々お与えください。わたしたちに負債のある者を皆ゆるしますから、わたしたちの罪をもおゆるしください。わたしたちを試みに会わせないでください』」。そして彼らに言われた、「あなたがたのうちのだれかに、友人があるとして、その人のところへ真夜中に行き、『友よ、パンを三つ貸してください。友だちが旅先からわたしのところに着いたのですが、何も出すものがありませんから』と言った場合、彼は内から、『面倒をかけないでくれ。もう戸は締めてしまったし、子供たちもわたしと一緒に床にはいっているので、いま起きて何もあげるわけにはいかない』と言うであろう。しかし、よく聞きなさい、友人だからというのでは起きて与えないが、しきりに願うので、起き上がって必要なものを出してくれるであろう。そこでわたしはあなたがたに言う。求めよ、そうすれば、与えられるであろう。捜せ、そうすれば見いだすであろう。門をたたけ、そうすれば、あけてもらえるであろう。すべて求める者は得、捜す者は見いだし、門をたたく者はあけてもらえるからである。あなたがたのうちで、父であるものは、その子が魚を求めるのに、魚の代りにへびを与えるだろうか。卵を求めるのに、さそりを与えるだろうか。このように、あなたがたは悪い者であっても、自分の子供には、良い贈り物をすることを知っているとすれば、天の父はなおさら、求めて来る者に聖霊を下さらないことがあろうか」。

（ルカによる福音書一一章一節〜一三節）

私の尊敬する方の一人に、日本リバイバルクルセードの田中政男牧師がおられる。田中牧師とは一九八三年、イスラエル旅行に同行させていただき、素晴らしい時を共に過ごした。その田中牧師が語られた話である。

ある時、伝道旅行を終え、しばらく振りで家に帰った時のこと、子供たちを集めて語った。「お父さんは今日たくさんのお金を持っているから何でも買ってあげよう。欲しい物を言ってごらん」。六人の子供たちは目を輝かせた。牧師の生活というのは、日本においてはまだまだ苦しい状況にある。子供たちもその苦しい生活を知っており、いつも質素であることに慣れていた。お父さんの言葉がとても嬉しく、何を買ってもらおうかと考えあぐねていた様子であったが、そのうち一人の子供がおずおずと申し出たのである。「お父さん、ポテトチップス買って」。それを聞いて田中牧師は驚いた。そして優しく、「そんな物でいいのかい。ケーキでも買っておいで」と言って、子供たちにお金を渡したというのである。

田中牧師はこの体験を通して、私たちクリスチャンにとって非常に大切なことを悟ったと述べられている。それは自分たちの信仰も、まさにこの子供のようなものではなかったか。神様は豊かで沢山私たちに与えたいと思っておられるのに、私たちは小さくしか願わない。この子供のねだったポテトチップスのように、遠慮がちに、わずかに願ってしまう習性をもっているのではないかと。神様は素晴らしく豊かであり、愛のお方であって、私たちに潤沢《じゅんたく》に与えたいと願っておられるのに、私たち人間の側が貧弱にしか願わないので、神様も僅少《きんしょう》にしか御業を実現することができずにいるのではないかということを知ったというのである。そしてそれ以降、田中先生は大胆に、大きく、不可能と思えるようなことまでも、求め、祈るようになったという。

聖地旅行は大変に素晴らしいものであり、是非もう一度来たいという思いを湧き起こさせ、「やがて、いつの日にかもう一度、高砂教会の愛する兄姉たちと共に是非来ることができるように、その機会を与えて下さい」と、私は祈った。ところがその時、田中先生は次のような祈りを捧げていたのである。私は後にその祈りの内容を知り、心底感服したのであった。それは、「神様、このような素晴らしいイスラエルに私を毎年来させて下さい」という祈りであった。何と厚かましい祈りであることか。しかし、神様はその厚かましい祈りを聞かれて、田中先生は毎年イスラエルに赴かれているのである。クリスチャン新聞等の案内欄に「イスラエル聖地旅行参加者募集、団長・田中政男」と毎年広告が載っている。かくして、田中先生は毎年毎年イスラエルに、その願いと祈りのごとく出かけておられるのである。

主なる神は、私たちに多くのものを与えたいと願っておられる。私たちはいつも大きく、また厚かましく、執拗《しつよう》に祈り求めていこう。不可能を可能にしたいと願っておられる。私たちにこのことを教えている。この聖書の箇所はまさに私たちにこのことを教えている。

私たちの信じる神様は、要求論的なお方であって、私たちの要求の強さ、願いの強さに応じて新しい世界を切り開き、新しい人生をそこに創り出して下さるお方だということである。五節から八節を見てみよう。ここに一つの譬話が語られている。友だちをもてなすためのパンを友人に借りに行った。しかし、真夜中であり皆寝ているので、起きて何もあげるわけにはいかないと断られてしまったのであったが、主イエスは八節で次のように語っている。「しかし、よく聞きなさい、友人だからというのでは起きて与えないが、しきりに願うので、起き上がって必要なものを出してくれるであろう」。つまり、友情とか愛情とかに頼っていても駄目だが、執拗に請い願うことが相手を動かすことになるというのである。

執拗に願い求めていく時、この聖書の御言葉のごとく、人をも動かしていくことができる。まさにこのことを実証する、ある一つのことを私は思い起こす。それは、私たちの教会の会堂建設に当たって、まず土地探しを始めたころのことであった。教会堂建設にとって、その立地条件というものは非常に大切である。私は最もふさわしい場所が与えられるようにと祈りつつ、八方手を尽くして探していた。ある時、一つのことを思いついた。それは、父の友人でもある、姫路市の商工会議所の会頭に依頼をしてみようということであった。早速、父を通して約束を取り付けた。しかし、あいにく私自身、その時には大切な用事が重なっており、行くことができない日であった。私は心配したが、父は「大丈夫だ、会頭は私の友人だから自分一人で頼んでこよう」と出向いたのである。案の定、結果として、「何故本人が来ないのか、失礼ではないか」と会頭は怒った。私は早速詫び状をしたため、重ねて教会の土地確保のために力添えをお願いしたい旨を書き、投函し返事を待った。しかし返事はなかった。そして、その後再度、依頼のために足を運んだのであったが、しかし面会できずに無念にも帰ってくることになったのである。しかしこのまま諦める訳にはいかない。意を決して、再々度面会を申し込み、出向いたのである。そして、ついに面談がかなえられ、私たちの教会のために協力をお願いすることができたのである。私たちの意向を理解して、会頭は行動を起こして下さった。高砂市の商工会議所にも直々に連絡して下さり、次々に新しい情報を私たちに提供して下さった。そして今日、この最もよい場所に私たちの高砂教会は建っているのである。ハレルヤ。

もし、私が一度目で諦めていたならばどうなったであろう。今の高砂教会はあるであろうか。何度も諦めずに執拗に願い求めるならば、このように一度頑なになった人をも動かすことができるのである。だとすれば、天の父なる神様はなお更である。愛なる神、慈しみの神が、手を動かされないことがあるであろうか。

しかし、神様は愛なる方であり、慈しみ深い方であり、私たちのすべての願いを知っておられる全知全能の方であっても、私たちがもし願わなければ、私たちの願いと思いをかなえて下さらないのである。日本人の理想とする人間関係として、「以心伝心」ということがある。すなわち、相手の心を推し量り、相手の思いを素早くキャッチして対応していくということである。これが日本人にとって極めて美徳であるとされている。これが上手な人は気の利いた人であり、賢い人だと評価されるのである。しかし、信仰においては「以心伝心」ということは通用しない。私たちの神様は私たちが言葉に出して願わなければ、何一つ動かれない。逆の言い方をすると、懸命に願うならば、その懸命さの度合いに応じて事を成して下さるのである。私たち日本人は「以心伝心」ということを理想としているために、私たちがそんなに執拗に願わなくても神様はすでに願いを知っておられて、すべてかなえ下さるであろうという甘えた思いを持っていることが多い。しかしそれは違う。私たちが祈らなければ、私たちが願わなければ、神様は決して行動を起こされない。換言するならば、私たちは祈らなければ損をするということである。何度もたたいて、何度も求めて、執拗《しつよう》に願っていった時に、神様はその扉を開いて下さるのである。

ここで、私たちは一三節に注目をしたいと思う。ここに、この箇所の結論ともいうべき言葉が記されている。しかしこの結論の部分は、マタイによる福音書のそれと少し違っていることに気付く。マタイも同じように、神様は求めに応じてその願いをきいて下さるお方だと記している。「求めよ、そうすれば、与えられるであろう。捜せ、そうすれば、見いだすであろう。門をたたけ、そうすれば、あけてもらえるであろう」（七・七）。その後にマタイは、「このように、あなたがたは悪い者であっても、自分の子供には、良い贈り物をすることを知っているとすれば、天にいますあなたがたの父はなおさら、求めてくる者に良いものを下さらないことがあろうか。」（七・一

――と結論付けた。しかし、ルカによる福音書では、「このように、あなたがたは悪い者であっても、自分の子供には、良い贈り物をすることを知っているとすれば、天の父はなおさら、求めて来るものに聖霊を下さらないことがあろうか」とし、良きものという言葉を聖霊という言葉に置き換えている。恐らくマタイの方が主イエスが語られたその言葉に近いものであろう。むしろ、ルカは意図的にこれを変更したものと思われる。いったいルカのその意図とは何だったのであろうか。なぜ、このように変更をする必要があったのか。そこにはルカの重要な意味が込められている。つまり、人間が神に求めるべき最も大切なものは聖霊であるということの認識である。神が人間に最も必要なものとして与える最良の贈り物、それは聖霊であるということなのである。

それでは、なぜそれほどまでに聖霊が必要であるのか。ある人はこう考えるかもしれない。聖霊などなくても生きていけるのではないかと。それよりも、もっと食物の方が必要だし、もっとお金の方が必要ではないかと。なぜ聖霊がそれほど必要なのか、重要なのか、と疑問を投げかけるかもしれない。理由を言おう。それは、人間の生というのは、この地上だけのものではないからである。私たちの生きるということは、死という通過儀礼を通って、天上の生へと至るのである。この世の死の後にやってくるあの世の生き方において、祝福のうちに過ごすためには、是非とも聖霊が必要なのである。エペソ人への手紙一章一四節に次のように書かれている。「この聖霊は、わたしたちが神の国をつぐことの保証であって、やがて神につける者が全くあがなわれ、神の栄光をほめたたえるに至るためである」。聖霊というのは、私たち人間が神の国に入るための保証なのだと使徒パウロは強調している。この保証というのは、「アラボーン」というギリシャ語が用いられている。これは「手付金」あるいは「担保」という商業用語である。つまり、聖霊をいただくことによって、私たちの天国行きが確かなものとせられるということを意味しているのである。主イエスの十字架の贖いの信仰だけでは、天国行きというのはまだ確実ではない、確かに信仰によって私たちは天国の約束をいただく。しかし、聖霊をいただかなければ、天国行きは確実にならないと、パウロは喝破《かっぱ》しているのである。

マタイによる福音書二二章に一つの譬話がある。天国で婚宴が開かれた。多くの人々がその婚宴に招かれた。しかしそこに礼服をつけていない人がいたが、その人は折角の席から追い払われてしまったという記事である。この礼服とは何を意味するかということについて、様々な解釈がある。ルターは「信仰」であると解釈し、アウグスティヌスは「愛」であると主張する。しかし私は「聖霊」として理解したい。つまり、マタイもまた、聖霊をいただかなければ神の国を継ぐことはできない、天国に入ることはできないと言っているのである。

ルカによる福音書一一章二節に、「御国がきますように」という主の祈りの言葉が記されている。ある有力な写本（昔は印刷術が発達していなかったため、聖書を人の手によって書き写していたのであった。その書き写し手が自己の見解により写し変えることがあったり、また写し間違いも起こったりしつつ、聖書は伝達されていったのである）によると、この「御国がきますように」という箇所を次のように記している。「御霊よ、我々の上に来たりて潔めたまえ」。そして、ハルナックやストリーターなどの優れた神学者たちは、むしろこの写本の方が正しいのではないかという見解を述べている。つまり、ここにおいても御国と聖霊とが結びついており、聖霊というものが神の国に入る保証であるということを間接的に示しているのである。従って、聖霊をいただくということが、私たち人間にとって、食物に優り、お金に優り、他の何物にも優って最も重要なことなのである。

もし聖霊をいただくならば、私たちの人生はもう終っても良いのである。なぜならば、私たちのあの世での生は祝福されて余りあるものであることが、もうすでに保証されたということを意味するからである。そしてまた、聖霊をいただくということは、同時に私たちのこの人生を素晴らしい恵みに満ちたものにしていくのである。それは断片的ではあるけれども、今この世に生きながら神の国というものを、私たちは体験することができるからである。

聖霊のバプテスマを受けた人々がよく証言する。『世界って何て美しいのだろう。素晴らしいのだろう』と、そのことに今更ながら気付いた」と。聖霊に満たされた時、この世界がこんなに美しく、あたりの景色がキラキラと輝き、金色のように、水晶のように光って見えたと多くの人々は語っている。まさに聖霊に満たされるということはそういうことなのである。実にこの地上に在りながら、天国というものを先取りして体験することなのである。

この〝地上天国〟を、私自身、聖霊の御働きによって強烈に体験したことがある。それは一段一段と進められていった。まず、一九七五年のペンテコステの前日のことである。私はその時、聖霊のバプテスマを体験した。酒に酔った時のように気持ちが良く、今まで味わったことのない深い喜びを体験した。しかし、その時はまだ本格的な体験ではなかった。そのすぐ後の夏の修養会での席上に聖霊が降った。あの初代教会に聖霊が降ったように、私たちの上に降ったのである。聖霊が陽炎のように揺れ動いていた。その有り様を私ははっきりと目で見たのである。その時、そこに集っていた人たちは皆、ワッと泣き出した。聖霊の力強い息吹に触れ、その恵みに浸ったのであった。しかしその時もなお、この地上に在りての天国の体験というものはまだ不十分であった。

続いて秋に、「聖霊セミナー」が開催され、私は参加したのである。その所で、私を含め日本キリスト教団の牧師たちは、すでに聖霊に満たされている牧師たちによって、按手の祈りを受ける機会を得た。そのセミナーから帰って来るや、私は真にこの地上に在りて天国の生き方というものを体験し、味わったのである。私の内から喜びが溢れ、愛が溢れ、感謝が溢れ、どのような嫌なことを言われようとも、されようとも決して怒りが湧いてこない。また憎しみが起きてこないのである。愛と赦しが泉のように内から流れ出てくるのであった。また、私の内側から権威が溢れて、妻でさえも私の側に寄ることができないほどであったという。余りに権威に満ちているので側に近付くのがこわいほどであったと述懐している。それればかりでなく、私の内側から性的欲望もすべて昇華されていて、新聞、テレビ等で少しでもそのような性的なものが目に入ってくると、気分が悪くなり、吐き気をもよおすほどであった。主イエスは山上の説教で、「情欲をいだいて女を見る者は、心の中ですでに姦淫をしたのである」と語っている。男性には絶対的に不可能と思われるこの戒めを、自然に実行している自分を見いだしたのである。このように、その時の私はこの地上に在りて天国の行き方を自然のうちに歩んでいたのである。

「キリスト者の完全」ということが言われる。この「キリスト者の完全」は、この地上に在りては可能か不可能かと議論が度々なされるが、私自身のこのような体験から、それは可能であるとはっきりと断言できる。その時私は、天来の圧倒的なエネルギーに満たされており、睡眠も三、四時間で事足りるという、本来の私の弱い体からは考えられないような日々が何日も続いた。朝目覚めると清々しく、「ハレルヤ！」と声高らかに叫びたくなるような日々であった。私はその時、この世に在りてこの世の人ではなかった。「天国人」だったのである。このように、私たちが聖霊に圧倒的に満たされていく時、私たちはこの地上に在りて、神の国、天国を同時に体験することができるのである。何と嬉しく、感謝なことであろうか。

　それでは、いったいこのような最良の贈り物としての聖霊は、どのようにすればいただくことができるのであろうか。そのことについて考察を進めよう。その解答こそが、この聖書の箇所なのである。それはただ、求めること、それだけで良いと教えている。単純に求める、求め続ける、得られないならば執拗に求め続けていく、これが聖霊をいただく為のただ一つの条件であるというのである。

　熱心に求めてもなかなか聖霊を受けることができない人がいる。なぜか、それは、聖霊をいただくためには条件が必要だと考えているからである。ある人はこう考える。聖霊を受けるためには潔くなければいけない。しかし自分はこのような所が潔くない。こんな罪、あのような汚れがある。こんな自分であるのに、聖霊を受けることなどできるはずがないと。また、ある人はこう考える。聖霊を受けるには信仰深いことが必要なのだ。自分は洗礼を受けて間がない。教会に来始めたばかりだ。自分はまだまだ信仰的に浅く未熟で、聖書もよく分からない。だから聖霊などいただくことはできない。不可能なことだと。また、ある人はこのように考える。聖霊をいただくためには立派な人間になることが必要だ。自分はこんな欠点があり、まだまだ人間として未熟な者だ。だから聖霊を受けることなど、とてもできるはずがないと。このような人はおしなべて、自分は聖霊を受けるに価しない人間だと心の奥深い所で思っているのである。それだから熱心に求めてはいても、心底ではいつもブレーキをかけており、その結果、聖霊をいただくことができないでいるのである。

しかし、こういう条件付けは聖霊をいただくためには全然必要ではなく、無条件にただ求めればよいのである。「そこでわたしはあなたがたに言う。求めよ、そうすれば、与えられるであろう。捜せ、そうすれば見いだすであろう。門をたたけ、そうすれば、あけてもらえるであろう。すべて求める者は得、捜す者は見いだし、門をたたく者はあけてもらえるからである」(九〜一〇節)。これはあらゆる事柄において真実である。が、なかんずく最も大切な聖霊をいただくことにおいて真理なのである。私たちにとって聖霊をいただくこと以上に大切なことはない。それは既述したように死を乗り越えて、あの世の祝福された生き方を保証するものであるからである。私たちはまず聖霊をいただくことを切に求めようではないか。聖霊に満たされ、聖霊と共にこの人生を歩み、そしてこの地上において天国を体験し、やがて全き天国に、神の国に入る時を待ち望んでいこう。

二千年前、あの初代教会の弟子たちが一つになって祈り求めていたその時に、聖霊が降り、そしてその時から人間の歴史というものが大きく転換、展開をしていった。私たちの人生も同様である。聖霊をいただき、聖霊に満たされていくことにより、私たちの人生は大きく転換をし、またった変革を遂げていくのである。それは神の国の住人としての転換である。ただの人間から偉大な神の子への転換である。私たちはこの世に在って、この大いなる転換を味わっていきたいと思う。そして、やがて訪れる死を乗り越えて、天国を保証された者として、生きていきたいと思うものである。

7　聖霊――神の国の内実

テオピロよ、わたしは先に第一巻を著わして、イエスが行い、また教えはじめてから、お選びになった使徒たちに、聖霊によって命じたのち、天に上げられた日までのことを、ことごとくしるした。イエスは苦難を受けたのち、自分の生きていることを数々の確かな証拠によって示し、四十日にわたってたびたび彼らに現れて、神の国のことを語られた。そして食事を共にしているとき、彼らにお命じになった、「エルサレムから離れないで、かねてわたしから聞いていた父の約束を待っているがよい。すなわち、ヨハネは水でバプテスマを授けたが、あなたがたは間もなく聖霊によって、バプテスマを授けられるであろう」。

（使徒行伝一章一節～五節）

キリスト教会は、ペンテコステにおける聖霊の降臨を通して、その働きが開始され成立していったことは周知の通りである。キリスト教会は聖霊の運動によって誕生したのである。ところが今日キリスト教は、教理的、道徳的宗教としての傾向が強く、更に祭儀的宗教へと陥っていると言えないだろうか。けれども本来、キリスト教は神の命、聖霊による宗教である。この意味でキリスト教は原点に回復される必要があり、私たちは教会がもう一度初代教会の命に回復されることを願って、このペンテコステを重視している。それ故、毎年ペンテコステを前にした一週間を、弟子たちが集まって聖霊を待ち望み祈ったように、私たちも聖霊待望の家庭集会を開くことを常としている。そして聖霊降臨祭（ペンテコステ）の当日は、早天礼拝に始まり、ペンテコステ記念礼拝を捧げ、その後、愛餐会をもって、この日を感謝し、教会を挙げて喜び楽しむ。

しかし、残念なことにペンテコステの祝祭日は、多くの教会では私たちの教会のように特別な日として祝われていない。私はここに、キリスト教会の根本的問題があると思う。聖霊こそ、教会の大切な命であり内実である。私たちは、今日の教会のこのような趨勢《すうせい》に抗して、この日を深く覚え記念していきたい。

「使徒行伝」の記者ルカは、この書の書き出しにあたり、前著「ルカによる福音書」と同様、「テオピロよ」との呼びかけから筆を起こしている。テオピロなる人物は、キリスト教に好意を抱いていたローマの高官だったといわれ、ルカはテオピロに多大の関心と期待をよせていたのだろう。真実のキリストの福音を是非彼に伝えたかった。そこでローマ社会の中でキリスト教が正しく受け入れられるための弁明として、釈明の意図をもって、ルカはこの二冊を著し、テオピロに献呈《けんてい》したと言われている。

ではなぜルカは、このようにローマの高官にキリスト教を釈明する必要があったのか。それは当時のローマ社会において、キリスト教に対する偏見、誤解があったからである。その中心は、〝キリスト教〟とか〝イエスの福音〟とか言っても、所詮ユダヤ人の信仰ではないのか。あの貧しいパレスチナの小国、イスラエルに住むユダヤ民族固有の宗教にすぎないのではないかとの思いが、支配者ローマ人の心に根強くあったと思われる。当時ローマは、ヨーロッパのほぼ全域を支配する世界の中心的存在であった。それ故、ローマ人にとって、自分たちが支配するパレスチナに起こった新しい宗教が、どれほど真実なものであるのか否かについて、大いに疑問をもっていたに違いない。これに対しルカは、イエス・キリストの福音こそ、ユダヤ人のみならず全人類にとって必要不可決な、普遍的宗教であることを立証しようとしたのである。

創価学会の池田大作氏は、わずか三十歳位で創価学会の会長に就任したのであるが、かつて何かのテレビ番組の席上で「その若さで拡大の一途にある大組織の会長とはすごいですね」と司会者が言ったとき、今の彼を見ていると想像し難いことだが、「まだまだです。私たちの創価学会は、キリスト教のように世界的宗教ではありませんから」と謙遜にも答えたという。このように、キリスト教はある特定の民族や、特定の地域の人々のための宗教ではなく、全人類のためのものであり、普遍的性格を持っている。それはキリスト教が世界の全ての人々の心の奥にある根源的な問いに対して、その答えをもっているからである。

使徒行伝一七章二三節以下に、有名なパウロのアレオパゴスでの説教が記されている。パウロはアテネの町にある沢山の偶像を見て語った。「あなたがたが知らずに拝んでいるものを、いま知らせてあげよう」(二三節)。その意味は、あなた方は今は偶像を拝んでいるが、本当に礼拝すべき方はこの方なのですよ、ということなのである。かくてキリスト教こそ全ての民が信じ、帰依《きえ》すべき真の宗教なのである。それ故、人類の歴史もキリスト教化の方向を辿っており、それは、歴史の必然、あるいは神がこの世界と人類に課せられた運命といってもよいだろう。

パレスチナの一地方に誕生したキリスト教は、やがてローマに伝わって、ヨーロッパ全域へと侵透していった。ヨーロッパ全域がキリスト教化すると、次はアメリカへと伝わった。やがてアメリカ大陸がキリスト教化され、遂にはアジアへと伝えられた。そして現在、韓国は急速にキリスト教化され、中国でも信仰復興が起こり、アジア全体がキリスト教化へと大きく進んでいる。その中で未だ異教の地が、日本とイスラム教の国々である。しかし、イスラム諸国にも、主なる神の働きは起こされ、湾岸戦争等を通して、大きく揺り動かされている。

イラクの大統領フセインは、かつてユダヤ人を滅ぼしたバビロニア王、ネブカデネザルに自らをなぞらえたり、はたまた、かつて十字軍を打ち破ったサラディンを目指すと公言したりしていた。フセインの出生地はサラディン誕生の地といわれるが、彼の野望は湾岸戦争において、見事に挫折した。そしてアラブ連合はズタズタに引き裂かれ、その結束力は大幅に弱まっているという。しかも、かつてクリスチャンたちに大迫害を加えて、大量に虐殺したクルド人たちは、今や難民と化し、彼らに助けの手を差し伸べているのが、アメリカやフランスなどのキリスト教国である。このようにイスラム諸国は大きく揺さぶられ、やがてこの世界にも、キリスト教化が進むことは間違いないと思われる。全世界がキリスト教化されることは歴史の必然であって、人類の長い歴史がその事を証明している。

しかし、全世界がキリスト教化されるなら、そこに神の国が実現されるのだろうか。事はそう単純ではない。私たちは主の祈りを通し「御国を来たらせたまえ」と祈っている。具体的に〝御国〟とは、いかなる状態をいうのだろうか。使徒行伝一章三節を見ると、主イエスは復活の後、四十日間に亘り度々弟子たちに現れ、神の国について語られたと記されている。復活の主が語られた事柄は、他にもたくさんあっただろう。しかし、その中心的な内容は、神の国に関する事であった。他のものはみんな省いても、これだけは伝えたいと強調したメッセージこそ、神の国についてであったということである。ここで私たちは思い出す。主イエスの宣教の第一声として語られたのも「神の国は近づいた」というメッセージであった。一体神の国とは何を意味しているのだろうか。

私たちの考える神の国のイメージは、一般的には死んだ後に行く天国を想像することが多い。人間にとって死の問題は深刻である。それは死そのものより、死んだ後に受ける裁きに対する恐れであるのかも知れない。誰も皆、死んだ後、神の前で裁きを受けねばならない。「一度だけ死ぬことと、死んだ後さばきを受けることとが、人間に定まっている」（ヘブル九・二七）。

この事について、ノンフィクション作家の立花隆氏は、臨死体験者、つまり死んで後再び生き返ってきた、死の間際から生還した人々にインタビューしてまわったことがあった。すると、臨死体験者のほとんどが次の如く共通の証言をしたという。「死んだ後、暗い長いトンネルのような所を通って、広い所に出され、そこで、自分の過去すべてがまるでフィルムを回すように明らかにされた」と。彼らの共通点は、生きていた時の自分が、そこでことごとく暴露されたということであった。人は自分の犯してきた罪をそこで見なければならず、自らの罪に対する裁きから逃れることができないというのである。

しかし、聖書はいう。父なる神は人類の罪を救うため、御子イエス・キリストをこの世に遣わされた。キリストの十字架の贖いによって、人類の罪はことごとく赦され、潔められたのである。カルバリの丘に立てられた十字架は三本、二人の強盗がキリストと共に十字架につけられていた。ところが、そのうちの一人はイエスをキリストと告白したことにより、十字架の上で罪赦され、「よく言っておくが、あなたはきょう、わたしと一緒にパラダイスにいるであろう」（ルカ二三・四三）との約束を得たのであった。主イエスの十字架の贖いにより、私たちには天国に行く道が開かれている。クリスチャンであることは何と幸いなことであろうか。しかし、私たちが天国に行けるということが、すなわち、主が語られた「神の国」という事ではない。

次に「神の国」という言葉から考えつくのは、理想社会、ユートピアの実現ということである。そして歴史上、多くのキリスト者たちもまた、この世に神の国の実現を目指して、〝御国を来たらせたまえ〟という祈りを実践すべく、そのための運動に飛び込んでいった。彼らは貧困に喘《あえ》いでいる人々を見るに見かねて、社会主義者、共産主義者となり、キリスト教から離れていった人も少なくない。しかし、今日社会主義社会の恐るべき現実が明らかにしたのは、決して人間の手によっては、真の理想社会は形成できないという事実ではなかったか。ブレジンスキーは、今日の社会主義の失敗の現実を見て、「大いなる失敗」と名づけた。人類の理想を追い求めた筈の社会主義のいきついた所は、「神の国」どころかむしろ「悪魔の国」の様相を呈していたのである。

伝道テレビ番組「ハーベストタイム」のゲストに、ソ連の宣教に取り組んでいる牧師が出演したことがある。彼はソ連の地図を示し、そこに収容所、刑務所、精神病院の場所を書き込んでいた。これらは政治犯と呼ばれる人々を収容した場所であったのだが、何と地図全体がその印で埋まるほどの夥《おびただ》しいものであった。ノーベル賞作家ソルジェニーツィンは、そのような社会主義ソ連の現実を、「収容所群島」と名づけて、これを告発する小説を書き世界的に名を馳《は》せた。今日、ゴルバチョフによるペレストロイカの発動によって、社会主義社会にも少し希望の光が見え始めているが、人類の理想と現実のあまりにも大きなギャップに、深い失望を覚えた者は多いことだろう。私もそのうちの一人である。けれども、今年一九八九年より、社会主義諸国は次々と民主化、自由化へと進み始めていることを喜びたいと思う。

なかでも、ルーマニアにおける自由化への革命は、極めて感動的な事件を伴った。社会主義国ルーマニアは、チャウシェスクなる人物が長い独裁を続け、多くのクリスチャンもまた獄に入れられ死んでいった。しかし、ティミシュアラの町にラズロー・トケシという名の若い牧師がいた。彼は迫害にも屈せず、伝道し続け、多くの人々が回心して、教会は人々で溢れるようになった。ルーマニア当局は、これを見逃すはずはなく、ラズロー・トケシ牧師を逮捕しようとした。ところが、信徒たちは立ち上がって若い牧師を守ろうと教会の周りを取り囲み、町の人々もこれに加わった。警察の力では逮捕できず、遂に軍隊が出動してきた。しかし、市民は抵抗姿勢を崩さず幾重もの厚い人間の壁をつくった。やがて軍隊が民衆に鉄砲を向けたとき、人々は子供たちを一番前に立たせた。子供に向かって銃を発砲する筈はないだろうと、考えた措置であった。幾ら社会主義とはいえ、まさかそこまではしないだろうと、軍隊にも僅かの信頼を残していたのである。

　ところが、その信頼と期待は見事に裏切られ、命令一下、発砲は始まり、子供たちがバタバタと倒れていった。容赦なく人間の壁に向かって銃弾が撃ち込まれていったのである。しかし、この時叫び声が起こった。「神は生きておられる」。その声は津波のように人々の間から湧き起こり、それは発砲する軍隊にまで届くほどの大歓声となった。軍人たちの心に何かが起きた。銃声が止んだ。そして軍人たちは鉄砲を捨てた。実にここからルーマニアの自由への革命は始まったのであった。

　人間が自らの力で理想社会を作ろうと企てた社会主義の醜悪な現実。しかし、その中で一人の牧師を守ろうとした人々の信仰。その殉教をも覚悟した勇敢な信仰の行為が、ルーマニアの国をひっくり返していったのである。このように主イエスの語られた神の国の内実は、死んでから行く天国のことではない。また、地上で人間が作る理想社会の事でもない。それは五節に記されているように、「すなわち、ヨハネは水でバプテスマを授けたが、あなたがたは間もなく聖霊によって、バプテスマを授けられるであろう」という主イエスの言葉のうちにその答えがある。ヨハネは水でバプテスマを授けた、悔い改めによる罪の赦しのバプテスマである。しかし、主イエスは悔い改めのバプテスマではなく、聖霊のバプテスマを授けたのである。現在私たちは主イエスのバプテスマを正しく継承しているだろうか。単に罪の赦しのみでなく、聖霊のバプテスマを意識して授け、また受けているだろうか。教派、教会間によって、時として洗礼の仕方について議論が起きる。ある人々は浸礼こそ正しいと主張する。しかし、ある人々は滴礼をよしとする。どちらでもよい。要するに、罪の赦しにとどまらず、聖霊のバプテスマを目指していることこそが大事なのである。聖霊が賦与《ふよ》され、満ち溢れるとき、そこに神の国は実現している。神の国はどこか遠いところに行ったらあるというものではなく、また人間の手によって作り出せるものでもない。そうではなく、主イエスを信じる者の内側に神の国は起こされていくのである。この奥義は、聖霊を受けた人にはよくわかるだろう。聖霊のバプテスマを受けると、世界は変わって見える。この世界はこんなにも美しかったのかと、神の作品はこんなにもすばらしかったのかと感動する。

私もかつてみとろ荘で聖霊降臨に遭遇した帰途、車窓からの景色は輝いて見えた。私たちの内側が変わる時、世界は変わり、人生が変わる。鍵は一人ひとりの内側にあるのである。主イエスは、「神の国は、実にあなたがたのただ中にあるのだ」（ルカ一七・二一）と言われた。あなたの内に聖霊が注がれ満ち溢れる時、あなた方は神の国を体験することになる。

あなたは神の国に生きることを願うのか。ならばまず聖霊を求めなさい。神の国に生き続けるというのは、あなたの内側に聖霊を満たし続けることに他ならない。繰り返して言う。人間にとって最も大切な答は私たちの内側にある。故に聖霊を迎え入れようではないか。そのように聖霊によって私たち一人ひとりが造り変えられていく時、聖徒の交わりとしての教会が成立し、まさにそのところに神の国が実現していくのである。

8　ただ聖霊があなた方に

さて、弟子たちが一緒に集まったとき、イエスに問うて言った、「主よ、イスラエルのために国を復興なさるのは、この時なのですか」。彼らに言われた、「時期や場合は、父がご自分の権威によって定めておられるのであって、あなたがたの知る限りではない。ただ、聖霊があなたがたにくだる時、あなたがたは力を受けて、エルサレム、ユダヤとサマリヤの全土、さらに地のはてまで、わたしの証人となるであろう」。こう言い終ると、イエスは彼らの見ている前で天に上げられ、雲に迎えられて、その姿が見えなくなった。イエスの上って行かれるとき、彼らが天を見つめていると、見よ、白い衣を着たふたりの人が、彼らのそばに立っていて言った、「ガリラヤの人たちよ、なぜ天を仰いで立っているのか。あなたがたを離れて天に上げられたこのイエスは、天に上って行かれるのをあなたがたが見たのと同じ有様で、またおいでになるであろう」。

（使徒行伝一章六節～一一節）

主イエスは復活の後、四十日間にわたり弟子達を再教育され、いよいよ天に帰られるに際し、弟子達は「主よ、イスラエルのために国を復興なさるのは、この時なのですか」とイエスに問うている。

この「復興する」には「アポカシスタネイス」というギリシャ語が使われているが、終末論に用いられる用語である。それは「終末時において正しい秩序が回復する」ということを意味している。そして、この「終末はいつなのか。この時なのか」の問いかけは弟子たちばかりでなく、それ以降も歴史の中で絶えることなく問い続けられてきた。まさに紀元二千年を間近にした現在においても、終末に対する問いはさらに熱くなっている。これに対し、イエスは「時期や場合は、父がご自分の権威によって定めておられるのであって、あなたがたの知る限りではない」と答えられた。終末に関することは神にのみ属する権能、権威であって、人間はそれを知る権利はなく、知る必要もないと。にも拘わらず、「終末はいつ来るのか」の問いは歴史の中で繰り返され、その時を確定しようとする試みは後をたたない。

二世紀半ば、小アジア地方にモンタヌス運動と呼ばれる聖霊運動が起こった。その頃キリスト教は大迫害を経てローマの公認宗教となり、カトリック教会が成立。そして、キリスト教はローマ化し、固定化し、制度化されて、初代教会が持っていた大切な聖霊の働きや信仰の命を失っていった。その時立ち上がったのがモンタヌスという人物で、彼は初代教会が有した聖霊の働きを重視し、ダイナミックな信仰の回復を主張した。モンタヌスの呼びかけはたちまちの内に多くの賛同者を得て、当時の大神学者テルトリアヌスもこの運動に加わったと言われるほどであった。ところが、この二世紀半ばのカリスマ運動は長くは続かなかった。モンタヌスの女弟子であった預言者プリスカとマクシミラの預言が、ついに終末の時と場所を確定するに至ったからである。「いつ何日、フルギヤのペザに天からエルサレムが降ってきて、イエス・キリストは再臨される」。モンタヌスはこの預言を信じ、女預言者らと共にペザ山に行き、キリストの再臨を待った。しかし主は来られず、それ以降モンタヌス運動は衰微《すいび》の一途を辿ったという。

日本においても同様のことがあった。昭和初期、ホーリネス運動がリバイバルし、これを指導したのが中田重治という優れた牧師であった。彼は内村鑑三らと共に再臨運動を起こしたが、やがて過激化していった。そして、「終末再臨の時迫れり」と力説し、自ら白い衣をまとって教会の屋根に登り、旗を振って、「イエス様、ここです。早く来て下さい」と叫んだという。しかし再臨はなかった。これ以降ホーリネス教会は分裂を繰り返し、ホーリネスのリバイバルは徐々に衰退していった。

私はこれらの歴史的事実を通して、今日のカリスマ運動に対して、ひとつの警告を自著『続・キリスト教の第三の波』に記した。なぜなら、聖霊運動には常に終末・再臨運動がつきものだからである。私たちが終末意識を持つことは確かに必要なのだが、それが過激化し、いつ何日終末が来る、間近に来る、と言い出すことに私は危惧を抱いている。聖霊体験をする時、確かに私たちの内には終末意識が生じる。しかし、それは決して終末の日付や場所を確定することではない。ところが今日、過去の歴史の失敗を知らないかのように、カリスマ運動に携《たずさ》わる牧師たちが世の終わりの切迫を訴え、終末の時を確定し始めている。

しかし、聖書は明確に終末の時と場合は神のみの権能であって、人間はそれを知る権利はなく、また知る必要はないと断言している。そして、このように終末の時を無闇に知ろうとしてはならないという警告は真理である。終末を確定しだし、これに執着するとき、神はその人がどんなに良い働きに用いられている器であっても、やがてその伝道者を一線からはずされるようになるからである。

かつてレックス・ハンバードという素晴らしい福音放送があった。この番組の終了直前の頃、レックス・ハンバードはしきりに終末に関するメッセージを強調しだした。そしてまもなくブラウン管から姿を消した。彼は大変優れた伝道者で、特別に落ち度があったわけではない。けれどもあまりにも執拗に終末の時を確定しだしたので、神ご自身が彼を引っ込められたとしかいいようがない。終末は神のみが知られる、神の時なのである。

続いて主イエスは「ただ聖霊があなたがたにくだる時」と語られた。終末がいつなのか、それは人にはわからないが、しかし聖霊があなたがたに降る時あなたがたは終末を体験し、終末はあなたのうちに始まるというのである。すなわち、聖霊の充満によって、あなたがたは終末における御国を味わい、それを先取りするようになる、と主は言われたのである。

柳田邦男著「死の医学への序章」という本がある。その中で氏は「死を間近にした人のうちに、ある時ふと、この世界がキラキラ光って美しく見えたと告白する人がかなりある」と記している。おそらくこれは四次元的な生の体験だろう。この世を超えた、この世の背後に実在する世界。聖書的にいうなら、天国、神の国であり、ギリシャの哲学者プラトンの言うイデアの世界である。死が迫りつつあるその時に、地上に在ってそれを垣間見る、そのような現象の体験であろう。そして正にこの現象は、聖霊に満たされた時、聖霊のバプテスマを受けた時に、私たちもした体験ではなかったか。その時、この世界の美しさに目をみはり、山や空や樹々、目に見えるあらゆるものがなんと美しく輝いていることかと驚き、感動したのではなかったか。私自身も圧倒的に聖霊に満たされた時、ふと目を上げると、辺り一面がキラキラ輝いて見えるという不思議な体験をしたことがある。そしてこの時、聖霊に満たされるとは、この世にあって神の御国を体験することだと知った。聖霊の充満によって、終末における神の国を先取りして体験するのである。いつ世の終わりが来るのか、私たちにはわからない。しかし、聖霊によって既に私たちは世の終わりを体験し、新しい次元の世界へと足を踏み入れているのである。

聖霊が降る時私たちに力が与えられ、伝道の思いが燃える。終末が延長されているのは、その間に福音が遍《あまね》く全世界に宣べ伝えられるためである。「あなたがたは力を受けて、エルサレム、ユダヤとサマリヤの全土、さらに地のはてまで、わたしの証人となるであろう」。

終末があり、私たちに死があることは大事なことである。もし人間に死がなかったら、私たちの人生は目標を見失い、極めて緊張を欠いた無意味なものになるだろう。人生に終わりがあるから、私たちは人生を輝かせたいと願う。同様に世界に終わりがあるから、私たちは大切な真理に目覚めさせられるのである。その私たちに、主は福音伝道と、その課題の遂行を命じられた。主はこの大切な課題の遂行のために教会を造られた。福音宣教こそ教会の最重要な課題であり、クリスチャンの生きる目的は、主の福音を宣べ伝えることなのである。世の終わりが来るまでのその間、主が私たちに与え、教会に委ねられた使命は、イエス・キリストの救いを遍《あまね》く世界に宣べ伝えることである。一人ひとりが主の証人となるために、主は聖霊を注ぎ、伝道の力を与えてくださったのである。あなたはそのような主の使命に燃えているだろうか。それとも自らの救いに満足し、まどろんでいるのだろうか。主イエスは「終わりの時を詮索《せんさく》する必要はない。しかし必ず終末の時は来る。その時まで、あなたは地の果てまでもわたしの福音を宣べ伝えよ」と命令しておられるのである。

キリストの昇天の記事はルカのみ詳しく記しているが、その意味するところの第一は、主は昇天されることにより、時間的・空間的制約から全く解放され、あらゆる時代、あらゆる所に顕在できる方となられたということである。そしてこれが現実化したのがペンテコステである。主は昇天され、その代わりに聖霊が降られ、聖霊は見えないが、今も働き給うキリストとして、ありとあらゆる所に届かれ、私たちを助け、慰め励まして下さっている。

昇天の第二の意味は、福音宣教の課題を人間に委ねられたことである。キリストは昇天によって私たちを親離れさせ、自立するよう促された。いつまでも親がいては子どもは真に自立的な成熟ができない。そこでキリストは昇天することにより、地上の課題を人間に委ねられたのである。一一節で天使は「ガリラヤの人たちよ。なぜ天を仰いで立っているのか」と弟子たちに語っている。今この時、あなたがたにはなすべき使命があり、伝道の課題が委ねられているのだから、いつまでも立ち止まっていてはならない、と私たちに促されているのである。

かくして、私たちに聖霊が注がれ、力が与えられたのは、主イエスの福音伝道のためである。そのことをしっかり握っておかなければならない。聖霊が私たちに与えられたのは、伝道の力が増し加わるためなのであり、もし自分が救われるためだけならば十字架だけでよかっただろう。しかし主はそれだけでなく、もっと私たちに期待をかけ、出て行って地の果てまで私の福音を宣べ伝えよと、聖霊を注がれたのである。聖霊降臨を記念するこの日に、この深い主の御旨を、今一度強く思い起こそうではないか。

第二次世界大戦時のドイツにおいて、告白教会と呼ばれる一群の人々は、ヒットラーと戦い、有名なドイツ教会闘争を展開した。その指導者の一人、マルチン・ニーメラーは一九三七年逮捕され、八年間収容所生活を余儀なくされた。その間に、彼は牢屋の壁に希望の歌、希望の讃美を刻んだ。牢番は、元ドイツ海軍の潜水艦長として輝かしい業績を持つ彼に、「海軍でもう一度働くなら、おまえは赦免される」と勧めた。しかし、ニーメラーは壁に刻んだ希望の歌、希望の讃美を絶えず口ずさむことによって、惑わしにも屈せずその意志を貫き、苦悩によって発狂しそうになる自らを支えたという。戦後赦免された彼は牧師となり、一貫して反戦平和のために働き、ノーベル平和賞受賞候補者として幾たびも名が出たことがある人物である。

マルチン・ニーメラーが来日したのは一九六八年、その時私の母校関西学院でも説教された。当時私は神学生だったが、ニーメラーを通して、ヒットラー下のドイツ教会闘争、あるいは厳しい収容所生活の話が聞けるだろうことを期待して、講堂に集結した。同じような期待をもって集った者たちは多かっただろう。しかし、ニーメラーは私たちの期待に反して、苦しかった自らの体験には殆ど触れず、その代わり戦後間もなく見たという夢の話をした。それは次のような夢である。ニーメラーの目の前に黒い雲が突然現れたかと思うと、もう一方から黄金の雲が現れてきた。そして、この二つの雲は会合した。その時黒い雲の中から忘れもしないあのアドルフ・ヒットラーの声がした。「主よ、お赦しください」と。すると黄金の雲の中から神の声が聞こえた。「おまえはなぜあのようなことをしたのか」。ヒットラーは「お赦しください。私はあなたの福音を知りませんでした。誰も私に教えてくれなかったのです」と。

夢から覚めた時、ニーメラーはびっしょり汗をかいていた。いままで気づかずにいた自らの大きな罪を指摘され、汗まみれになっていた。そして、彼の内に深く迫ってきたのは、ヒットラーの大罪は、私たちクリスチャンの罪だったということであった。熱心に伝道しなかった罪のゆえに、あのような悲劇が歴史のなかに起こってしまったということだった。彼は深く悔い改めて、懺悔《ざんげ》し、全世界に出て行って福音を宣べ伝える牧師になっていった。

聖霊降臨祭において、私たちはもう一度クリスチャンの犯してきた大きな罪を深く悔い改めようではないか。伝道を怠り、自らの救いに自己満足しているこの罪を悔い改めよう。なぜ私たちは回りの沢山の人々が飢え渇いて救いを求めているのに、その人々に福音を語らないのか。自分だけが恵まれればいい、という、恵みのエゴイズムにいつまで陥っているのか。深く悔い改め、自分を省み、新しく主の使命に生きる者となっていこう。主イエスはそのため天に昇られ、聖霊を注いで、私たちに伝道の力を与え、意欲を与え、情熱を与えてくださったのである。聖霊様と共に、良きおとずれを、主の福音を力いっぱい語る者とならせて頂こうではないか。

9　聖霊による可能性の宗教

それからお育ちになったナザレに行き、安息日にいつものように会堂にはいり、聖書を朗読しようとして立たれた。すると預言者イザヤの書が手渡されたので、その書を開いて、こう書いてある所を出された、

「主の御霊がわたしに宿っている。貧しい人々に福音を宣べ伝えさせるために、わたしを聖別してくださったからである。主はわたしをつかわして、囚人が解放され、盲人の目が開かれることを告げ知らせ、打ちひしがれている者に自由を得させ、主のめぐみの年を告げ知らせるのである」。イエスは聖書を巻いて係りの者に返し、席に着かれると、会堂にいるみんなの者の目がイエスに注がれた。そこでイエスは、「この聖句は、あなたがたが耳にしたこの日に成就した」と説きはじめられた。すると、彼らはみなイエスをほめ、またその口から出て来るめぐみの言葉に感嘆して言った、「この人はヨセフの子ではないか」。そこで彼らに言わ

れた、「あなたがたは、きっと『医者よ、自分自身をいやせ』ということわざを引いて、カペナウムで行われたと聞いていた事を、あなたの郷里のこの地でもしてくれ、と言うであろう」。それから言われた、「よく言っておく。預言者は、自分の郷里では歓迎されないものである。よく聞いておきなさい。エリヤの時代に、三年六か月にわたって天が閉じ、イスラエル全土に大ききんがあった際、そこには多くのやもめがいたのに、エリヤはそのうちのだれにもつかわされないで、ただシドンのサレプタにいるひとりのやもめにだけつかわされた。また預言者エリシャの時代に、イスラエルには多くのらい病人がいたのに、そのうちのひとりもきよめられないで、ただシリヤのナアマンだけがきよめられた」。会堂にいた者たちはこれを聞いて、みな憤りに満ち、立ち上がってイエスを町の外へ追い出し、その町が建っている丘のがけまでひっぱって行って、突き落そうとした。しかし、イエスは彼らのまん中を通り抜けて、去って行かれた。

（ルカによる福音書四章一六節〜三〇節）

日本人一千万人救霊が叫ばれて久しい。この運動は韓国の教会の提唱により始まったもので、初渡韓の折、私は熱い感動と共に、この提唱をわが内にしかと受けとめてようと決意して帰国した。しかしそれにしても、日本の伝道の現状は厳しい。あのような韓国のクリスチャン達の熱い祈りと支援がありながら、クリスチャン人口比は一パーセントの壁を破れない。特に地方では一生懸命頑張っているにも拘らず、成長できずに喘《あえ》いでいる教会が何と多いことか。地方の教会の復興のために、私にできることは何なのか。この思いが月一度の伝道旅行遂行となったのだが、これは単なる人間的な知恵や力、経験で成し得ることではない。聖霊の知恵と力、聖霊による可能性を通して起こされることだと、これに携わるなかで深く確信するに至った。

尾道の教会でのことである。この教会はカリスマ的信仰に立った牧会がなされていたが、なかなか成長ができずにいる。集会中、一人の若い女性が咳《せき》をし続けていたので、私は悪霊の働きだと直感した。その女性が集会後祈りを求めてきたので、按手して祈り始めるや、やはり彼女の内に潜んでいた悪霊が正体を現した。「ばれてしまった。あばかれてしまった。折角これまでこの教会を縛りつけていたのに」と、悪霊は男の声でしゃべりはじめたのであった。

翌日、私は牧師夫妻に霊を見分けることの大切さについてアドバイスした。これまで牧師夫妻がいくら頑張って牧会しても、教会が成長できなかった原因は、悪霊に縛られた人を教会の中心的な役割につかせていたことによると説明した。彼女を通して悪霊は教会全体を霊的に縛り、押し込めていたのである。この話をすると牧師夫人は大変喜び納得された。夫人は長い間、どうして教会が成長できないのか、解放されないのか、その原因がつかめずに、悩んでいたからである。地方の教会のみならず、日本の教会が成長していくためには、霊の戦いが必要なのである。聖霊の御力によって悪霊と対決することが、日本の教会の成長、復興には不可欠なのである。

今年の聖霊降臨祭に与えられた御言葉は、ルカによる福音書の四章一六節から三〇節である。主イエスは荒野での悪魔の試みを終えられ、公生涯に入られた。他の福音書では、主の公生涯のはじめはガリラヤ伝道とそれに続く弟子たちの召命として描かれている。ところがルカは、故郷ナザレにおける伝道から筆をすすめている。なぜルカはマタイやマルコと異なってその公生涯をナザレから始められたと記したのか。ここにはルカ特有のイエス・キリストの福音の重大な性格づけがなされている。すなわち、イエス・キリストの福音は、聖霊による可能性の宗教であることを示しているのである。

一七節に「すると預言者イザヤの書が手渡されたので、その書を開いて、こう書いてある所を出された」とある。これはイザヤ書六一章一～二節の引用であるが、同じ箇所を新共同訳聖書は「預言者イザヤの巻物が渡され、お開きになると、次のように書いてある箇所が目に留まった」となっている。つまり、新共同訳では、たまたまこの所が「目に止まった」と口語訳とは違ったニュアンスで訳している。これに対して口語訳では、主ご自身がこの箇所を意図的に開かれたという含蓄《がんちく》になり、この訳の方がこの場合適切だと思われる。すなわち、主イエスは積極的にこの箇所を引いて自分が何者であるかを故郷ナザレの人々に証明しようとされたのである。

最近、セルフ・アイデンティティという言葉をよく聞く。これは心理学上の用語で、〝自己同一性〟、あるいは〝自我同一性〟などと訳される。しかし、これではわかりにくいので、ある人々は〝自己証明〟などと訳している。作家森村誠一は『人間の証明』という小説の中で、人間というものがいかに自分自身の証明を欲しがっているかを描いた。彼もまた、セルフ・アイデンティティの大切さをこの小説を通して訴えたかったのである。このように今日多くの人々は、自分が何者なのかを知りたいと願っている。自分はこの世界でどのような役割を担っているのか、人生とはどんな目的と意味があり、その中で自分はどう生きていけばよいのか、それを知りたいと願っている。そしてそれを知って生きる時、私たちの人生は落ち着くが、しかしそうでないと、私たちの生き方は安定を欠き、生きる意欲を失い、無気力となり、無意味な人生を送ってしまうことになる。現代は、総じて多くの人々がセルフ・アイデンティティを喪失している時代だといわれている。その結果、神経症患者は増大し、登校拒否をする子供たち、学習意欲を喪失した学生たち、果ては「ひきこもり」といわれる若者たちが大量に生み出されている現状がある。

　このような状況の中で、アイデンティティ・クライシスという言葉が言われるようになった。すなわち、現代人は自分が何者かという認識を喪失したため、そこからさまざまな社会的な傷や病巣が現実化することになったからである。例えば旧ユーゴスラビアの内戦はいつ果てるともなく続いている。なぜ、こんな事態に立ち至ったのか。かつてユーゴスラビアの人々は社会主義思想によって統一され、一応納得の上で生きてきた。社会主義は資本主義よりも優れた社会体制であり、やがては資本主義を追い越して、輝かしい未来を造るのだと教えられ、そう信じて生きてきた。ところがその社会主義が脆《もろ》くも崩壊した。そこで人々は、それに代わるより根源的な自己存在の確認を求め、民族、宗教へと回帰していった。かくて、民族や宗教の相違による混乱と対立が起こってきたのである。人間にとって、自分が何者なのか、自分の務めと役割は一体何なのか知ることは果てしなく重要なことである。主イエスもまた、まさに自分が何者なのかという自己証明を故郷ナザレの人々の前で宣言されたのである。

　続く一八節もイザヤ書からの引用であり、口語訳は「主の御霊がわたしに宿っている。貧しい人々に福音を宣べ伝えさせるために、わたしを聖別してくださったからである」と訳し、同じ箇所を新共同訳は「主の霊がわたしの上におられる。貧しい人に福音を告げ知らせるために、主がわたしに油を注がれたからである」と訳している。この場合は新共同訳の方が適訳である。つまり、ここで主イエスは「わたしは神によって油注がれた者である」と宣言されたのである。

マタイ、マルコ、ルカは共通して、その中で主イエスの洗礼の場面を記している。マタイ、マルコの意図はイエスが洗礼を受けられたと同時に聖霊を受けられたことにあり、聖霊のバプテスマの先駆者として、すなわち、聖霊のバプテスマのモデルとして記している。それに対して、ルカは主イエスの洗礼の記事を油注ぎの記事として描いている。聖霊の油注ぎとは、神の特別な使命を託され、そのために必要な力と権威を神が賦与されることであり、神の栄光を担うことである。要するにこの世における神の大使あるいは代理者として、特別な神の霊を受けた人を油注がれた人という。「キリスト」という言葉の意味はまさに、〝油注がれた者〟という意味なのである。

では、油注がれた者に託された使命は何か。それは、貧しい人々に福音を告げ知らせる働きだといわれている。この場合の〝貧しい〟というのは経済的な貧しさのみでなく、精神的に飢え渇いている人々、また社会的な重荷、ハンディによって逼塞《ひっそく》状態にある人々を意味し、したがって「囚人、うちひしがれている人々」も貧しい人々の概念の中に含まれている。

「貧すれば鈍する」という諺《ことわざ》がある。貧乏になると知恵のある人でも愚鈍になるという意味で、人は困難な状況に長くおかれると、本来もっていた素晴らしい能力、可能性を封殺してしまうことを意味している。けれどもで逆に、その中から大きな働きをする人が生まれでることも紛れもない事実である。故に、貧乏であるということと、貧乏人根性を持つということは全く別のことである。貧乏であることは一向に構わない。恥ずかしいことでもない。しかし貧乏人根性を持つと、できるものもできなくなる。折角内側に持っている可能性や力が発揮されなくなり、結果、環境や状況に支配されてしまうことになるからである。

イエス・キリストの福音は、貧しい人々が聞く福音である。すなわち、私たちを逼塞状態から解放し、引き上げ、大いなる可能性へと開花させていく福音である。何の根拠によってか。それは聖霊による可能性によってであり、主イエスご自身が聖霊による可能性を身をもって体験し、その証人となられた。かくして、聖霊による可能性によって生きていく時に、私たちも主イエスが体験されたように変えられる。ここに、主イエスが私たちの模範でありモデルだということの本当の意味がある。

さらに、この御言葉が意味しているのは、聖霊による可能性の実現とは、私達自身が逼塞状態から解放されて、私たちの上に奇跡が起こってくるというだけでなく、今度は私たち自身が、他者に対して聖霊による可能性の授与者となれるということである。つまり、主イエスにおいてのみ起こった可能性が、ペンテコステ以後人類全体のなかにも頻繁《ひんぱん》に起こり、油注ぎを受ける人々が次々と起こされ、小さなキリストとして主の働きを受け継ぎ、継続して展開するようになったのである。何と素晴らしい福音、何と大いなる宣言ではないだろうか。ルカ福音書の続編として使徒行伝を書いたルカは、主イエスの公生涯を描くにあたり、実はこのことを明らかにしたかったのである。主イエスにおいてなされた油注ぎの業が、ペンテコステ以後無数の人々の上に起こされ、それらの人々を通して主の働きは大きくグローバルに継続され展開していくということを伝えたかったのである。

しかし残念なことには、この素晴らしい聖書の真理に、今日の教会においては、殆ど認識されてはいないのが実状である。私は著述やセミナーを通して、今日の教会がこの聖霊の油注ぎについての真理をしっかり認識するように、また、油注がれた者たちもこの務めに目覚めて、大胆に主の業を進めていくようにとの願いを込めて書いたり語ったりしているのであるが、果してどれほど理解して貰っているであろうか。

さて、二四節以下では、油注がれた者が解放と奇跡を行うに当たって直面する妨げについて指摘されている。その妨げとは会衆の側の高慢と偏見である。つまり、人々の内に油注がれた者に対する信頼と尊敬が欠如するならば、神の奇跡御業は容易に起こらない。この原則を、主は二つの物語を例にとって指摘された。

一つは列王記上の一七章の物語りである。ザレパテのやもめは、アハブ王に追われて逃げてきた預言者エリヤを匿《かくま》うことになる。しかし飢饉《ききん》のために、やもめと幼い子供に残されたものは一食分の粉と油しかなかった。彼女はこの最後の食料を預言者エリヤのために差し出した。それは、彼女の神に油注がれた人物に対する信頼と尊敬の故である。かくして、ザレパテのやもめのこの行為は奇跡を生み、飢饉の間中、その家に粉と油は尽きず、死にかかった息子は奇跡的に癒されていった。

二つ目は列王記下五章の物語である。スリヤの将軍ナアマンはライ病を患って悩んでいた。彼は癒されたい一心で多くの財産を携えて、はるばるエリシャの所にやって来た。ところが預言者エリシャは顔も見せずに、ヨルダン川に行って七度体を洗えと人づてに命じた。スリヤの軍勢の長として人々の誉れを一身におっていたナアマンにとって、この仕打ちはいたくプライドを傷つけられ、屈辱を感じたことだろう。しかし、ナアマン将軍は油注がれたエリシャへの信頼と尊敬を捨てず、その言葉に従った時、彼のライ病は奇跡的に癒されたのであった。

これらの物語を通して主が教えたかったことは、油注がれた者に対する信頼と尊敬がいかに大切であるかということであり、そして、信頼と尊厳があるところに超自然的な神の御業が起こってくるのだということである。もしそれが欠如するならば、そこに油注がれた者がいても、そこではなかなか神の奇跡は起こらないのである。

今年三月、私は台湾伝道旅行の途上、花蓮の原住民アミス族の連合集会に臨んだ。会場に着くと広場に大きな舞台がつくられていた。その辺りには原住民アミス族の教会が多くあり、連合集会のためどこの教会堂でも狭すぎて間にあわず、このように大掛かりなものになったという。そして、日本から有名な牧師が来るとの宣伝が行き届き、何と数百人を軽く超えるであろう人々が集まっていた。私の説教の後、按手の祈りをしてほしいとの要望が強く、しかも全員にという要望であった。だが、あまりにも多数なので一人ひとりに接手して丁寧に祈ることなどとてもできない。そこで私は異言で祈りつつ、人々の間をかき分けながら、頭をポンポン叩くような感じで按手していった。ところが、それだけで会衆は倒れ出したのである。これには私自身の方が驚いた。それは私の方に原因があったのではなく、むしろそこに集っていた人々の説教者に対する絶大な信頼と尊敬の故であった。高砂教会ではとてもこんなに風にはならないのに、そこでは面白いように次々と奇跡の業が起こっていった。それは会衆の内に、「自分たちの尊敬する日本人の、しかも凄いカリスマをもった牧師がやってきた」という私への強い信頼と尊敬があったからこそ、このように素晴らしい解放と癒しの業が起こったのである。

かくして主イエスもまた、油注がれた者への信頼と尊敬の大切さを教示された。しかし、故郷の人々はそれを理解せず、主イエスはそこでは殆ど奇跡を行うことができなかった。そればかりではない。人々は主イエスを追い出し、崖から突き落とそうとさえした（二九節）。これは私たちに非常に大切な警告である。聖霊降臨の喜びの日、もう一度一人ひとりが聖霊に満たされて、聖霊の大きな可能性を求めて、信仰の歩みを進めたいものである。

10　ペンテコステの意義

　五旬節の日がきて、みんなの者が一緒に集まっていると、突然、激しい風が吹いてきたような音が天から起ってきて、一同がすわっていた家いっぱいに響きわたった。また、舌のようなものが、炎のように分れて現れ、ひとりびとりの上にとどまった。すると、一同は聖霊に満たされ、御霊が語らせるままに、いろいろの他国の言葉で語り出した。

　さて、エルサレムには、天下のあらゆる国々から、信仰深いユダヤ人たちがきて住んでいたが、この物音に大ぜいの人が集まってきて、彼らの生れ故郷の国語で、使徒たちが話しているのを、だれもかれも聞いてあっけに取られた。そして驚き怪しんで言った、「見よ、いま話しているこの人たちは、皆ガリラヤ人ではないか。それだのに、わたしたちがそれぞれ、生れ故郷の国語を彼らから聞かされるとは、いったい、どうしたことか。わたしたちの中には、パルテヤ人、メジヤ人、エラム人もおれば、メソポタミヤ、ユダヤ、カパドキヤ、ポントとアジヤ、フルギヤとパンフリヤ、エジプトとクレネに近いリビヤ地方などに住む者もいるし、またローマ人で旅にきている者、ユダヤ人と改宗者、クレテ人とアラビヤ人もいるのだが、あの人々がわたしたちの国語で、神の大きな働きを述べるのを聞くとは、どうしたことか」。みんなの者は驚き惑って、互に言い合った、「これは、いったい、どういうわけなのだろう」。しかし、ほかの人たちはあざ笑って、「あの人たちは新しい酒で酔っているのだ」と言った。

（使徒行伝二章一節〜一三節）

ペンテコステの今日の午後から明日にかけて、日本キリスト教団兵庫教区では今年度の定例総会が開かれる。そこで、高砂教会からも二名の執事と伝道師たちが代議員として出席する予定である。何と日本キリスト教団ではキリスト教会の誕生を記念して祝うべき聖霊降臨の特別の日に、何の躊躇《ちゅうちょ》もなく教区総会の日程が組まれているのである。これはとりもなおさず、今日の教会が聖霊降臨の出来事を軽視していることの表れとみてよいであろう。聖霊の降臨を通してキリスト教会が成立した。その意味でペンテコステは、教会史にとってクリスマスに勝って、イースターに勝って重要な祝祭日なのである。なぜなら、イエス・キリストがお生まれになっただけでは、キリスト教会は誕生しなかった。キリストが復活されただけではキリスト教は、まだユダヤ教の一分派にすぎなかった。事実、主イエスが地上で活躍された時代や十字架刑の直後においては、キリスト教は単にユダヤ教のなかに起こった新しい教えとしてしか理解されていなかった。けれども五旬節に起こった聖霊の降臨を通して、キリスト教はユダヤ教の枠を破り、普遍的且つ世界的宗教へと脱皮していったのである。

聖書は実に使徒行伝二章のペンテコステを中心に編纂《へんさん》されていると、神学の分野で最初に主張したのはアドルフ・フォン・ハルナックである。彼は十九世紀最大の神学者で、二十世紀のカール・バルトに匹敵する人物である。しかし残念なことに、日本ではあまり紹介されていない。従って翻訳もほとんどないが、私は自著「続・キリスト教の第三の波」の執筆に当たり、「ペンテコステ物語の聖書における位置」という項を設けて、ハルナックの説について紹介している。すなわち、聖書は一つの明確な意図をもって配列されており、編纂の最も中心をなしている書物が使徒行伝、そのまた中心が二章のペンテコステだという主張である。ハルナックは決して霊的な人物ではない。彼は純学問的な追及の結果、聖書の中心はペンテコステだと結論づけたのである。これは大いなる真理の発見であった。聖書は明瞭に語っているのである。ペンテコステを通してキリスト教会が成立したこと、そしてキリスト教とは聖霊の宗教であるということを。

一九七五年、高砂教会に聖霊が降って後、教会内で聖霊の御業が次々起こされ、私自身も御霊に満たされて、聖霊についての説教を語るようになった。すると、教会員の中から「この頃の牧師の説教はおかしい、あれではキリスト教ではなく、まるで新興宗教のようだ」という非難の声があがった。そのような批判が起こるという状況は、キリスト教を倫理道徳の宗教、あるいは教養主義的なものとしての理解が高砂教会だけでなく、キリスト教会全体を風靡《ふうび》しているからである。そこでは説教はひとつの人生訓であったり、社会倫理として説かれることが多いのである。確かにそのような要素があってもよい。それは大切なことである。しかし、それはかりであってはならない。もしそればかりであるならば、その方がむしろ本来のキリスト教からの逸脱だと言えるであろう。なぜなら、元来キリスト教とは聖霊の宗教である。それは前述したように教会誕生の起因となったペンテコステの記事を見ても、私たちの日常的な知識や経験を超えた深い神秘性、霊性さを秘めた内容であることからしても明らかである。キリスト教の本質は霊的、神秘的なものにあるのであって、人間の日常的な知識や経験の範疇《はんちゅう》で理解しようとしても理解できるものではない。

ところで、このペンテコステ物語を読む時、「異言」が極めて強調されていることに気づかせられる。四節に「すると、一同は聖霊に満たされ、御霊が語らせるままに、いろいろな他国の言葉で語り出した」と口語訳聖書は訳している。「他国の言葉」と訳された言葉は「エテライス・グローサイス」というギリシャ語で、エテライスは「他の」という意味のほかに「異なった」という意味がある。今日の聖書が「他の」の方を採用して「他国の言葉」と翻訳しているため、ある神学者や牧師たちはこれは異言ではなかったと主張する。しかし、この言葉は、「他国の言葉」とも訳せるが「異なった言葉」とも訳せ、「異言」と考えて差しつかえない。前後の脈絡からみても、確かに異言であったと思われる。聖霊の降臨によって、弟子たちは異言を語り出したのである。そして、その異言は周囲の人々にその意味と内容が理解できたのであった。かくてこの使途行伝二章のペンテコステ物語は、さながら異言現象を前面に出して描いている物語だといえよう。

私たちの教会も一九七五年七月二十八日に開催された教会修養会の席上で聖霊の降臨を体験し

た。ところが、この使徒行伝二章で描かれている内容と私たちの教会の場合とでは、少しく異なる。聖書では聖霊が降った時、「突然、激しい風が吹いてきたような音が天から起ってきて、一同がすわっていた家いっぱいに響きわたった」（二節）という。しかし、私たちの教会の場合はそうではなかった。確かに弟子たちと同様に、私たちも国民宿舎「みとろ荘」の〝二階座敷での体験〟だったが、それは激しい風というより、天の一角が崩れたような、バリバリという音と共に起こった。また聖書では「舌のようなものが、炎のようにわかれて現れ、ひとりひとりの上にとどまった」（三節）と記しているが、私たちの場合は、白い煙のようなものが部屋全体を覆《おお》ったのである。更に聖書では、弟子たちをはじめその場にいた人々は異言を語り出したと書かれているが、高砂教会の場合は、その場にいた人々がみなワァーと泣き出したのである。

　このように聖書と私たちの教会とでは多少なりの相違があったのであるが、この中で私自身どうしても腑《ふ》に落ちない違いがあった。それは、聖霊が降った時、教会員たちは異言を語らず、なぜ泣き出したのだろうかということである。この問いは、私にとって長い間の課題であったが、ある時、漸《ようや》くひとつの結論に達した。それはもしかしたら、悔い改め、罪に対する深い悔い改めの涙ではなかったかと思い至ったのである。人が真に悔い改めに導かれるのは、神の深い愛と恵みが先行する。神の愛に触れられて初めて、人は自らの罪を知らされるのである。真の悔い改めは決して他者に強制されたり迫られたりしてできるものではない。聖霊の働きによって、聖霊の圧倒的な恵みと愛と光にうたれた時、初めて人は自分がいかに罪深いものであるかを知らされ、ただただ主の前にひれ伏すことになる。みとろ荘で聖霊が降った時、人々は聖霊の圧倒的な愛と光に照らされて、真実の悔い改めに導かれ、涙を流したのではなかっただろうか。

福音歌手の胡美芳姉を知っている方は多いだろう。彼女は戦前からの有名な歌手である。彼女が中国大陸へ慰問に行ったちょうどその時、第二次世界大戦が終結し、日本は敗れた。中国在留日本人達はパニックを起こし、不安が募《つの》った。彼女も何とかして日本へ帰りたい一心で、ある男性と偽装結婚をして帰国したのである。その方が安全だったからである。しかし、仮の結婚のつもりが、ずるずると二人の同棲生活となってしまった。そういう中で彼女は落ち着きを取り戻し、再び芸能界にカムバックすることになった。ところがそのように進もうとすると、これまで自分を支え助けてくれた男性が何とも心もとなく、疎《うと》ましくなってしまったというのである。そこで彼女は彼を捨てた。そして歌手として華々しく再デビューしていったのである。

やがて彼女はクリスチャンとなり、福音歌手に転じた。ある日、彼女は公演のため北京へ行き、街角を歩いていた時、突然に心の内に何とも言えない思いが襲ってきて、立っていることができなくなって、彼女はその場にうずくまって泣き出したのである。自分が捨てたあの男性のことが思い起こされ、悔い改めの涙がとどめなく流れた。あの終戦時の混乱の中から、自分を助け守って日本へ連れ帰ってくれたあの人に、自分は何とひどい仕打ちをしたことかと、自らのつれなさ、冷酷さを深く思わされ、ひざまずいて神にざんげの祈りを捧げたという。このように、聖霊が臨んだ時、人は初めて真実の悔い改めに導かれ、再出発することができるのである。

聖霊は、私たちの信仰のあらゆる領域で働いておられる。聖霊は主イエスの方向に私たちを向けさせ、真の悔い改めへと導き、新しい人生へと進ませて下さる。聖霊の働きはこのように多様である。だのになぜ、このペンテコステ物語では異言のみが強調されているのだろうか。事実、使徒行伝の他の箇所（一九・六）では、聖霊が降った時、人々は異言と同時に預言を語ったと記されている。にもかかわらず、なぜここでは異言現象のみがかくも強調されているのか。それは、この時語られた異言が、そこに居合わせた人々にわかったというところに、その謎を解く鍵がある。普通、異言はそれが何を語っているのかわからない言葉である。しかし、七節から一一節を見ると、弟子たちの語った異言が五旬節の祭りのために各地から集まったユダヤ人に、その内容が理解できたとある。これが五旬節における異言の強調の第一の意味である。

既述した如く、ある人々は弟子たちの語った異言が他の人々に分かったことをもって、あれは異言ではなかったと主張するが、そうではない。異言とは世界の歴史の中に表れた、どこかの時代、どこかの国や地域で用いられた言葉なのである。中には、パウロのいうところの「御使いの言葉」（第一コリ一三・一）もあるという。だから、異言は決して恍惚《こうこつ》状態になってわけのわからないことを語っているのではない。それは誤解である。かつて、私達の教会の婦人の夫が癌になった時、私はその夫妻と共に断食祈祷院へ同行し、癒しを求めて祈ったことがある。その時彼女は私の隣に座り、一生懸命異言で祈っていたが、それは紛《まぎ》れもなくギリシャ語であった。そこでその祈りが終った後、「ギリシャ語を学んだことがありますか」と尋ねたところ、「いいえ、とんでもない」と彼女は返答してきた。彼女は、しかし、確かにギリシャ語を語っていたのである。

カリスマ刷新運動の端緒《たんちょ》を開いたと言われているアメリカ聖公会のデニス・ベネット司祭は、ある集会で今まで語ったことのない奇妙な異言が口からほとばしり出た。あまり奇妙なのでベネット師は、こんな言葉が地上にある筈はない、これは異言ではないと思ったという。ところが隣にいた宣教師が、「あなたは日本へ行ったことがありますか」と聞いてきたので、「いいえ」と答えると、「今あなたはきれいな日本語を語っていたよ」と言われたという逸話《いつわ》がある。

ペンテコステ物語が異言現象として記されている第二の意味は、それまでイスラエルの中だけに封じ込められていた神の言葉と真理が、これを契機に全世界に向かって流れ出したことの象徴なのである。弟子たちの語った異言が当時の世界各地から集まってきた人々に理解された。これは長い間、ユダヤ人だけに与えられた神の啓示が、このペンテコステの出来事を通して、全世界に流れ出したことを指し示し、ここからキリスト教は世界化、普遍化へとスタートしていったのである。かくて旧約の宗教から新約の宗教へ、すなわち、ユダヤ教からキリスト教への衣替えがここにおいてなされたのである。

更にもっと大事な意味は、聖霊の降臨は人間の歴史を水平の次元においてだけでなく、垂直の次元においても大きく飛躍させる出来事となったということである。異言を語るということは、実にカリスマが開かれていくことを意味する。つまり異言を通路として、霊の次元が開かれ、内在していた霊の賜物が次々と引き出されるのである。かくして異言は私たちを〝霊の人〟、〝カリスマ的人物〟、〝ホモ・エクサレンス（超人）〟、〝新しい存在〟へと変貌せていくのである。

聖霊のバプテスマという体験をしても、私たちの内にこのような変貌が起こらないとするならば、それは折角の異言を用いない結果か、信仰生活がなおざりになっているからである。聖霊のバプテスマを受けて、忠実に信仰生活を送り、常に異言を語っているなら、あなたは確実に作り変えられ、〝新しい存在〟、〝ホモ・エクサレンス〟へと大きく変えられていく筈である。聖霊に満たされて異言を語ることの中に秘められた意味はこれである。あなたはこの素晴らしい恵みをどこまで自覚しているだろうか。

多くの人々が高砂教会に注目していると時々耳にする。とりわけ牧師たちは、「君はあの田舎で、どうやってあのような大きな教会を形成することができたのか。大教会を牧会をするだけでも大変なのに、国内外に頻繁《ひんぱん》に伝道旅行に出かけ、その上、どうしてあのように何冊も本を書くことができるのか。君のやっていることは超人的だ」と感嘆する。けれども、私の働きは、私のもっている能力で進められているのではない。聖霊の体験を通して、聖霊ご自身が私の内に働いて下さっているので、予想もしなかったような働きが開かれていったのである。また、私には考えられなかった新しい知恵や能力が与えられ、どんどんと洞察が進み、著述がなされていった。ひたすら聖霊なる神の助けと支え、それ以外の何物でもない。

聖霊の導きに従い歩む時、そこに新しい奇跡の人生が待っている。聖霊は私たちを満たしたいと招かれている。そして、私たちの人生を新しく造り変えたいと願われている。聖霊に満たされて、私たちは奇跡の人生、大いなる人生を体験していこうではないか。

11　天国への欲求

そこで、あなたがたの歩きかたによく注意して、賢くない者のようにではなく、賢い者のように歩き、今の時を生かして用いなさい。今は悪い時代なのである。だから、愚かな者にならないで、主の御旨がなんであるかを悟りなさい。酒に酔ってはいけない。それは乱行のもとである。むしろ御霊に満たされて、詩とさんびと霊の歌とをもって語り合い、主にむかって心からさんびの歌をうたいなさい。そしてすべてのことにつき、いつも、わたしたちの主イエス・キリストの御名によって、父なる神に感謝し、キリストに対する恐れの心をもって、互に仕え合うべきである。

（エペソ人への手紙五章一五節～二一節）

本日のペンテコステ礼拝では、エペソ書五章一五節から二一節を通して、主の御旨を聴いていこう。使徒パウロはここで、賢い者と愚かな者を対比しているが、誰を、何をもって賢いといい、愚かだといっているのだろうか。その基準となるのが一六節である。「今の時を生かして用いなさい。今は悪い時代なのである」。この御言葉を読むとき、私たちは一つの矛盾を覚えるのではないだろうか。今の時がいい時だから、これを生かして用いるというならわかる。ところが、今は悪い時だといいながら、これを生かせと命じる。どのようにして用いるのか。これは一見矛盾ではないかとも思える。

しかし、パウロは、実はここが賢い者と愚かな者の分岐点だという。それはまた、成功する者としない者の分岐点ともいえる。つまり、賢い者は悪い状況の中にあっても、そこに主なる神の深い御心、御旨を見出し、それを大いなるチャンスの時として生かし獲得していくことができる。それゆえ、詳訳聖書はこのところを、「あらゆる機会をのがさずに、買い占めなさい」と訳している。あなたにとって都合の悪いこと、嫌なことが起こる時、その時こそがあなたにとってチャンスなのだ。なぜ、こんな事が起こるのかと思うその時こそが、あなたの人生にとっての大きなチャンスの到来なのだと、使徒パウロはここで教えているのである。

徳川家康を描いて、今なお残っている一枚の絵がある。それはさっそうとした権力者家康としての姿ではなく、彼が最も憔悴《しょうすい》した、落ち込んだ時の惨めな姿である。意気消沈した、むしろ醜い彼の姿を一体誰が描いたのか。家康に対して、憎しみをいだき、敵意をいだく者、彼を嫌った者が描いたのだろうか。そうではない。実はこの絵は、家康自身がわざわざ絵師を招いて描かせたのである。

それは彼が三方ヶ原の戦いで、武田信玄に敗れた時であった。彼はその戦いにおいて、完膚《かんぷ》なきまでに武田軍に敗れ、命からがら、這々《ほうほう》の体《てい》で逃げ帰った。そして生涯最悪ともいえるこの時に、絵師を呼びよせ、自らが無残に敗れ果てた姿を描かせたのである。家康はこの大敗北の経験を、チャンスに生かそうと願った。そのためにその時のことを生涯忘れず、胸に刻みつけ、自らの教訓となすために、一番惨めな姿を目の前に置いた。それから数十年後、家康は関ヶ原の戦いにおいて、彼に大敗をなめさせた武田の戦法を用いて、西軍に勝利した。まさに彼は最悪の経験をチャンスとし、生かした典型的な人物である。

一九七五年、高砂教会に聖霊が降ってから今年は二十年目にあたる。これを記念して、夏には聖霊降臨二十周年の記念集会を予定している。しかし、当時神の一方的恩寵として与えられた聖霊の注ぎを契機《けいき》として、教会に大きな嵐が吹きはじめ、以来七年間に亘って様々な紛争、分裂を経験し、私は深い苦悩の中に入れられた。

私は高砂教会に就任した時、この教会で骨を埋めると宣言した。しかし紛争の嵐の中で、私の誓いもゆれ動き、この教会、この地は私が骨を埋めるのに値する地なのか。ここを去り、むしろ他の教会に移った方がよいのではないかと悩んだ。他の牧師たちも、あなたは播州のような田舎の地には向かない。都会に行きなさい。そうすればもっと成功するだろうと勧めてくれた。私はその言葉に誘われかけもし、事実、そんな風にも思ったのである。

そんなある日、私はマザー・テレサの番組を見た。その時、テレビの中から私に向かって彼女が語ってきた。「あなたが、行きたくなかった所に連れて行かれるならば、その場所こそ、実は神さまがあなたに与えてくださった所なのです」。私はこの言葉にハッとした。そうだったのか。私を受け入れてくれない、私には向かないと思っていたこの地、この教会こそ、神が与えられた場所なのか。この地こそ、神が私に与えて下さった最高の場所なのだと、思いの転換をはかることができたのであった。

かくて私は思いを変えられ、この地に残る決意を固めたのである。そしてカリスマ刷新是か否かの戦いの中、月報を通し、全教会員に向かって「カリスマ運動とは何か」の執筆を始めた。苦悩の日々の中で、私は毎月休まず書き綴り、それが今日でも多くの人に読み継がれている『キリスト教の第三の波』となって出版されたのである。まことに神は苦難と問題の中にも素晴らしい計画をもっておられた。「今は悪い時だから、それを生かして用いなさい」というパウロの言葉は、私自身においても真実となった。

続いて一八節に、突然のように「酒に酔ってはいけない」との言葉が出てくるが、この言葉は前節とどう関係しているのだろうか。ある学者は、一八節後半の「それは乱行のもとだ」にかかっているという。新共同訳聖書はこの箇所を「身を持ち崩す」と訳している。酒を飲むと身を持ち崩して、悪い時代に飲み込まれてしまう。だから、酒に酔ってはいけない。確かにそうとれないこともない。

ところで、私たちの教会は、台湾の原住民高砂族の教会と姉妹教会の提携をしている。この教会から二十数名の人々が、七年前の新会堂の献堂式に美しい讃美をもってお祝いに来てくださった。彼らは約二週間滞在し、私たちは喜びを分かち合った。そんなある日、台湾の人々を教会員の家に分散して、交わりを持ち食事を囲むことにした。その時一人の婦人が、彼らにビールを出してもよいかと問うてきた。そこで彼らの主任牧師である林牧師に聞いたところ、「とんでもない」と言って、次のようなことを語った。「我々高砂族は無類の酒飲みで、かつて身を持ち崩し、家族、財産を失った多くの者達がいた。そこへキリスト教が入ってきて禁酒を掲げた。それによって高砂族は救われたのだ」と。確かにこの日本でも、酒に溺れて、決して少ないとはいえない人々が身を持ち崩し、乱業を働いたり、暴力を振るうということが起きている。

しかし、酒を飲む人すべてがそうなのではない。酒に酔っても乱行に陥らず、かえって楽しく愉快になる人もある。以前、修養会の講師としておいでになったM牧師が、冗談まがいにこんな話をされた。ある晩、電車に乗るとそこに二人の酔っ払いがいた。彼らはすごく愉快で楽しいことを話すので、周りにいた人たちは引き込まれて大笑い。そして笑いの渦は車輛全体に広がっていき、車両全体が天国のようになった。酒を飲んでも彼らのように、楽しくなるのなら、これからはお酒を勧めてみようかと思ったほどだというのである。お酒を飲んだからといって、それが悪い方にばかり働くとは限らない。けれどもこのような例はきわめて少ないであろう。

ところがある学者たちは、それが一七節の「主の御旨がなんであるかを悟りなさい」と関連しているのだと解釈する。つまり、仮に酒を飲んで、楽しさや愉快さがもたらされるとしても、しかし、それは、神の御旨を知る感覚を鈍らせることになりはしないかというのである。

一昨年教会主催のサマー・ナイト・メモリーでのことである。それは夫婦などカップルを対象とした、ホテルでのディナーを囲みながらの伝道集会で、ゲストに福音歌手の久米小百合さんを迎え、私が説教をした。その夜、テーブルにはワインが出されたので、「しまった、事前に禁じておくべきだった」と思ったが後の祭り、すすめられるままに飲んでしまい、いざ説教をするために立ち上がると、一瞬フラフラッとした。これはいけないと思いながらも、壇上に上がって説教をはじめたが、酔った私には自分で何を話しているのかわからなかった。とにかく語り終え席に着くと、隣の久米さんが素晴らしいメッセージだったと言って下さったのでホッとした。このように酒を飲むと、たとえ乱業にならずとも、神の御旨を知る感覚を鈍らせるのは確かである。

三番目に、酒に酔ってはいけないというのは、「今は悪い時代なのである」に関連するとの説であり、私もこの解釈をとりたいと思う。悪いことや辛いことがあると、人々の内にある欲求や衝動が起こってくる。それはエクスタシーへの欲求と呼ばれるもので、日常性を超えて、今の自分自身を突破して、今までとは違った自分を生きたいという欲求である。このエクスタシーへの欲求は、神学的には自己超越の欲求ともいわれるが、私はこれを〝天国への欲求〟と呼びたい。なぜなら、人の内には深く天国を慕う心があり、天国に行きたい、天国を味わいたいとの願いをもっている。そして、この本能的ともいえる願望が人々をして酒に、麻薬に、ある種の宗教へと駆り立てていくのである。現在（一九八〇年代）、〝第三次宗教ブーム〟といわれる宗教ブームが起こり、多くの人々が霊的体験を求めるようになってきている。それは、今日の人々の内に起こっている天国への欲求の屈折した現れである。酒を飲むことも同じである。本物の天国への欲求を求め得ず、否、はずれて、せっかちに手近な間に合わせとして酒を飲む。酒に酔うことで、その片鱗《へんりん》を味わおうとしている、要するに、実は酒飲みは救いを求め、天国を求めているのである。ところが、それが得られないので、手近な酒によってお茶を濁し、尚一層の深い虚しさに陥り、遂には酒にのめり込んでしまうという悪循環に陥っていく。

私たち人間の根底にある天国への欲求、エクスタシーへの欲求は、実に聖霊によってのみ、はじめて成就するものである。私たちが聖霊に満たされる時、真の意味で健全なエクスタシーが起こり、喜びと力に溢れ、大胆さと勇気が与えられる。そして、心の重荷は取り去られ解放感を得て、この地上にあって天国を体験する者とされるのである。


では、私たちが聖霊に満たされ天国を味わいつつ生きるには、一体どうしたらいいのだろうか。まず第一に大切なのは讃美の生活である。それについて一九節以下で、「詩とさんびと霊の歌をもって語り合い、主にむかって心からさんびの歌をうたいなさい」と勧めているように、生活の中に讃美が溢れ、喜び楽しみつつ生かされることが重要である。天国をとめどない讃美の光景として黙示録が描いているように、天にても、地にても、讃美をすることはクリスチャンの特権であり力である。そして、〝讃美の力〟の回復がカリスマ運動を通して豊かに実を結び、麗しい讃美が次々と生み出され歌われている。私たちが主を讃美し楽しむところ、そこにこそ天国が実現しているのである。

次に大切なのは感謝の生活である。感謝は主の大いなる祝福に与かる道であるのに対し、つぶやき、不平、不満は三拍子の損失をもたらす。もしあなたが、常につぶやき、不平不満を語るなら、周囲の人々との関係はどうだろうか。彼らは不快感をもたないだろうか。つぶやきは先ず人間関係を壊していくことになる。次に、否定的なその思いは語るその人の祝福を減退させ、却って呪いを引き寄せる。さらに、つぶやき、不平、不満はキリストの体である教会にさざ波を立て、悪い影響を及ぼす。それゆえ、私たちの内側からこれらの思いを取り除いて、常に主イエスの名によって、父なる神に感謝しようではないか。
三番目に、私たちが成熟したクリスチャンとして天国を体験しつつ生かされるために必要なのは、仕え合う生活である。「キリストに対する恐れの心をもって、互いに仕え合うべきである」とのパウロの勧めにならっていこう。次の良く知られた童話は誰がつくったのか、私は知らない。しかし大変暗示的な話である。

ある人が天国に行った。人々は大きなテーブルの周りに座り、テーブルの真中にはおいしそうなスープが入った大鍋が用意されていた。ところがスプーンはひとつしかない。しかもそのスプーンの柄はとてつもなく長い。見ると人々は互いにそのスプーンでスープをすくって、他の人々に飲ませていた。それが天国であった。次に地獄へ行くと、ここも同じように人々はテーブルの周りに座り、テーブルの真中にはおいしそうなスープが入った大鍋が用意されていた。そしてここにもスプーンはひとつ、それも長い柄のついたものだ。ところが人々は、我先きにとそのスプーンを奪い合い飲もうとするが、柄が長いので自分の口には入らない。スープはそこらじゅうにこぼれるだけで、誰の口にも入らない。そこにいる人の誰もが飢えで苦しむ。これが地獄であると。

この童話の物語っていることは、私たちが互いに仕え合い、愛し合う時に、そこには天国が実現するということである。聖霊に満たされて生きる時に、賛美の生活が可能になり、感謝の生活が実現し、そして仕え合う生活が実現する。そしてそこにおいて、私たちは天国を体験していくのである。聖霊に満たされた人々が集る教会において、まさに天国はこの地上のものとなるのである。

12　一致をもたらす聖霊

五旬節の日がきて、みんなの者が一緒に集まっていると、突然、激しい風が吹いてきたような音が天から起ってきて、一同がすわっていた家いっぱいに響きわたった。また、舌のようなものが、炎のように分れて現れ、ひとりびとりの上にとどまった。すると、一同は聖霊に満たされ、御霊が語らせるままに、いろいろの他国の言葉で語り出した。さて、エルサレムには、天下のあらゆる国々から、信仰深いユダヤ人たちがきて住んでいたが、この物音に大ぜいの人が集まってきて、彼らの生れ故郷の国語で、使徒たちが話しているのを、だれもかれも聞いてあっけに取られた。そして驚き怪しんで言った、「見よ、いま話しているこの人たちは、皆ガリラヤ人ではないか。それだのに、わたしたちがそれぞれ、生れ故郷の国語を彼らから聞かされるとは、いったい、どうしたことか。わたしたちの中には、パルテヤ人、メジヤ人、エラム人もおれば、メソポタミヤ、ユダヤ、カパドキヤ、ポントとアジヤ、フルギヤとパンフリヤ、エジプトとクレネに近いリビヤ地方などに住む者もいるし、またローマ人で旅にきている者、ユダヤ人と改宗者、クレテ人とアラビヤ人もいるのだが、あの人々がわたしたちの国語で、神の大きな働きを述べるのを聞くとは、どうしたことか」。みんなの者は驚き惑って、互に言い合った、「これは、いったい、どういうわけなのだろう」。しかし、ほかの人たちはあざ笑って、「あの人たちは新しい酒で酔っているのだ」と言った。

（使徒行伝二章一節〜一三節）

一九九六年五月二七日、東京神田のYMCAにおいて、いわゆる聖霊派の大同団結といわれる日本リバイバル同盟（NRA）が設立された。ここで言う聖霊派とは、ペンテコステ派に加えて、リベラルな教会から聖霊を体験しその恵みを証するカリスマ派、更に福音派や保守派の教会から聖霊を体験したところの「第三の波」派等を総称している。「第三の波」という言葉は、私の著書『キリスト教の第三の波』では、これらの聖霊派全体の総称として用いているが、この場合狭義で用いられ、福音派の教会の中から、聖霊の恵みによってカリスマの働きを推進している人々を指している。教派間の壁の厚かったそれぞれの派の人々が、ただ聖霊によって結集して生み出された連合体がNRAであり、この誕生は日本のキリスト教界にとって画期的な出来事である。今後この働きを通して、聖霊の流れが大展開を遂げることが期待されている。

NRA設立の発案となった人物は、茨城県のN牧師である。N牧師の証によると、一九九四年二月に、「アルゼンチン・リバイバルツアー」なるものが企画され、七十名ほどの牧師たちと共に参加し大いに恵まれた。そのツアーの中で出エジプト記三章一〇節の、「さあ、わたしは、あなたをパロにつかわして、わたしの民、イスラエルの人々をエジプトから導き出させよう」の御言葉が与えられたという。しかし彼には、なぜこんな言葉が自分に与えられたのか理解し難く、その時点ではあまり気にも留めずにいたという。しかし、その「アルゼンチン・リバイバルツアー」で受けた聖霊の満たしと喜びは抑え難く、彼は帰国後、自らの属する福音派教団の教職者会で、この時の大変恵まれた状況を証した。圧倒的な聖霊の御業が按手を通してなされ、次々と人々は癒され解放されていったと。ところが、ある神学校の教授がその証を聞いて、「按手というのは、真光教の手かざしと同じであり危険ではないか」と批判したという。この言葉はN牧師の心を深く刺し通した。早朝三時頃、目が覚めてしまい、前日の痛い出来事が思い出された。その時、主が語りかけられた。「あなたはどんな感じですか」。彼は答えた。「矢に刺された感じです。矢の先についた毒が体全体に回っていくようで、ひどく不快な感じがします」と。主は更に言われた。「今、あなたが感じているような痛みを、聖霊の恵みを受けた日本の多くの牧師たちが感じている。あなたはこの牧師たちを結集しなさい。互いに励まし祈り合いなさい。そして日本の信仰の復興、リバイバルに貢献できる群れを作りなさい」と。そして、この日から三日間、午前三時になると主は彼を起こされ、同様の語りかけを繰り返しなされた。

N牧師はこの語りかけを然《しか》と受けとめ、吟味し、主の御旨《みむね》だと確信した。やがてN牧師は属していた教団を離脱して、日本リバイバル連盟（ＪＲＬ）を設立。しかし、日本のリバイバルのためには、聖霊を受けたために圧力を受けたり、教会を追われて痛んでいる福音派内部だけの牧師たちの結集だけでは不十分である。そこから進んでもっと広く、聖霊の恵みを受けた教派を超えた人々が大同団結して、日本の教会の復興に仕え、推進する団体が必要であるとの気付きと確信をもった。そのための聖霊派の大連合構想が志向され、多くの共鳴者を得て、今日の日本リバイバル同盟の設立となったのである。

現在、日本における超教派の組織としては、一つは、私達の日本キリスト教団も属している日本キリスト教協議会（NCC）があり、主にリベラルといわれている教会の集まりである。次に福音派の教会が属する日本福音同盟（JEA）がある。そして、第三の勢力として生れたのが、この日本リバイバル同盟（NRA）なのである。つまり、リベラル派、福音派、そして従来のペンテコステ派のいわゆる聖霊派の大連合組織として作られたものである。従来の教派の枠を越え、聖霊によって結集され、日本の伝道、復興に仕えていこうというのがその趣旨である。このように、聖霊は異なっていたものを一つにし、和合させ協力させていく霊である。

さて、ペンテコステを記念した今日、これまでも何度も取り上げてきた使徒行伝二章一節から一三節に記されている初代教会の聖霊降臨から主のメッセージを聴いていきたい。この時、聖霊は激しく百二十人の弟子たちの内に降られた。そして、この聖霊降臨を期して、キリスト教会が誕生し、キリスト教が生み出された。ところが、使徒行伝の記者ルカは聖霊の降臨の出来事を著《あらわ》すに当たり、特に五節から一一節で異言現象のクローズ・アップにのみ終始している。これは不思議なことである。聖霊の働きには、癒しも、預言も、潔めも、その他にもすばらしい賜物はたくさんある。なぜ、異言のみが強調されたのだろうか。これは私の年来の疑問でもあった。この点については、本書の十番目の説教「ペンテコステの意義」でも詳細に触れているが、大事なことなので、もう一度ここで取り上げてみたい。

この理由を解く鍵は何か。それはそこに居合わせた人々が、弟子たちの語る異言を聞き、その内容を理解したというところにある。世界各地から来た人々が、「あれは私の国の言葉だ。私の故郷の言葉だ」と言い、その内容がわかったというのである。実にペンテコステの重要な鍵の一つはここにあった。

では聖霊降臨のしるしとなった異言には、どんな意味があるのか。かくも異言が強調されたのはなぜなのか。その第一は、それがどこかの国の言葉だということである。聖霊をよく理解しない聖書注解者は、異言とは恍惚《こうこつ》状態になってわけのわからないことを語ることだと説明する。しかし、そうではない。わけのわからない言葉ではない。習ったことがないのにも拘わらず、どこかの国の言葉を語っているのである。

私が責任をもっている「聖霊セミナー関西協力会」に属するペンテコステ派のS牧師が、ある時「タンバラ、タンバラ」という今まで語ったことのない異言が出てきたので驚いたことがあったという。「タンバラ」とは何だろう、と彼はいぶかしく思っていた。その後S牧師は、フィリピン伝道に赴き、少数民族の教会で奉仕をし、説教したことがあった。すると現地の人たちが「タンバラ、タンバラ」と叫んでいたという。あの言葉は一体どういう意味なのかと聞くと、それはその民族の言葉で「ありがとう」という意味であることが分った。なんと「タンバラ、タンバラ」という異言を通して「ありがとう、ありがとう」と語っていたのである。S牧師は大変驚くと共に、そこに深い聖霊の神秘さを覚えたという。異言はこのように、どこかの国の言葉なのである。もしそこに、世界の国々の人が共にいて祈るなら、このように不思議なことが起こってくる。

二番目の意味は、それまでイスラエルにのみ蓄えられていた神の言葉が、これを契機《けいき》に全世界に向かって流れ出したことのしるしであり、暗示である。多くの国の人々が異言を理解したとは、すなわち、キリスト教のもつ普遍性、世界性の象徴である。それまでユダヤ人の中だけに留められていた神の言葉は、聖霊の降臨を契機《けいき》にして全世界に向かって流れ出していく。そのことのしるしとして、その場にいた人々に異言がわかり、その言葉と内容によって、主なる神の証を受け入れることができたのである。旧約の宗教、ユダヤ教から、新約の宗教としてのキリスト教への大転換がここで起こっている。そして、これが現実化したのが、使徒行伝八章のエルサレム教会に対する大迫害であり、それによって半ば強制的に、キリストの福音は世界的に拡がっていった。

異言が強調される三番目の意味は、言葉の相違によって象徴される民族的な対立が、聖霊によってのみ克服され得るということである。特に今回はこの点に重きを置いて語りたい。人類が対立を克服し一致に向かう道は、聖霊による可能性の他にないということである。

創世記一一章のバベルの塔の物語は、歴史的事実かどうかは議論のあるところであるが、その意味する内容は深い。人類は最初、同じ言葉を使い、互いが分散することを恐れた。そのため、バベルの巨大な塔を建て、これによって人類が一つであることを確保しようとした。しかし、主なる神はこれを神への反逆とみなし、言葉を乱された。そして、ここから人間同士の対立が起こってきた。この物語が意味しているのは、言葉の相違とそこから起こる対立とは、実は人間が自らの力で理想を達成しようとすることから起こるのであって、そこには人間の傲慢《ごうまん》、自らを神としようとする意図が働いている、と暗示しているのである。まさに社会主義の理想こそその典型的な実例であることは、既に指摘した通りである。

今日、社会主義の理想は完全に失敗し、かえってその対極にあったことが明らかにされた。人間が自らの力を頼み、理想郷を作ろうとする時、それはその理想とは似ても似つかぬものになっていく。なぜならそこに人間の傲慢、自己絶対化、神になろうとする思いが潜《ひそ》んでいるからである。逆説的に言えば、人間が謙遜になり、自らの力に頼らず神の御力に依り頼む時、互いの心が通じ合い、人類は一つになっていくことができる。ひたすら創造主なる神を信じ、依り頼んでいくなら、人類の理想は実現すると、バベルの塔の物語は逆説的に教えている。

そして、これが歴史上現実化したのが、ペンテコステである。上からの神の霊、聖霊によってのみ、人類は一つとなっていくという可能性を示唆《しさ》しているのである。

過日私は、京都の亀岡の教会で奉仕をさせていただいた。亀岡はその昔、明智光秀の居城があった所であるが、今その城跡には大本教の本部が建っている。道場のような建物の前に、見知らぬ文字で書かれた石碑があり、何語かなと思って尋ねると、それは世界共通語として作られたエスペラント語であった。大本教は日本では最も熱心な世界連邦推進の団体で、故湯川秀樹博士もこの運動に携《たずさ》わっていたという。しかし、全世界が一つになろうという世界連邦の理想は、理想としてはわかるが、私には、この運動は成功できないのではないかと思われて仕方がない。なぜなら人間の力によって、人類の理想を達成しようとしても、それは必ず失敗するからである。それは既に歴史が証明している事実である。人類が本当に一つになろうとするならば、上からの神の力、聖霊の力によってしか成し得ないのではなかろうか。

かつてアイルランドでは、新旧キリスト教両派による激しい対立、闘いがあった。アイルランド紛争と呼ばれ、プロテスタントとカトリックが激しく対立、出口のない紛糾《ふんきゅう》と確執《かくしつ》が長年続いていた。ところが近年、両者の間に和解の兆しが見えてきた、どうしてそうなったのか。実はこの裏にカリスマ運動の拡がりがあったという。プロテスタントの教会でもカトリックの教会でもクリスチャンたちが聖霊を体験するようになり、その中で自分たちの愚かな行為に目が開かれ、主に在って一つになろうとの思いが起こされたという。未だ全面的解決とはいえないが、対立は急速に終息へと向かっている。聖霊によってのみ、長年の争いは和解へと向かいつつある。聖霊こそ人類の分裂と対立の解決者であり、一致をもたらす霊である。

そして、聖霊による一致と和解はまず教会から推進されねばならない。二千年の教会の歴史は、絶え間ない分裂と対立を繰り返してきた。カトリックとプロテスタントの血で血を争う抗争は言うまでもなく、同じプロテスタント同士でも殺し合いがなされた。ルター、カルヴァンと並び、スイスに宗教改革をもたらせたツヴィングリーは、宗教改革左派のアナ・バプティスト（再洗礼派）に対して、ローマカトリック教並みの激しい弾圧を加えた。チューリッヒはツヴィングリーによって宗教改革が行われ、彼よりスイスのプロテスタントの大同団結が計られたのであったが、ツヴィングリーのその功績は、再洗礼派の人々をリマト川に投げ込んで虐殺《ぎゃくさつ》するという大きな過《あやま》ちによって帳消しになった。

宗教改革は主なる神の御業であったが、その中でも人間は多くの過ちを犯した。神に用いられ多くの働きをなした人々であったにも拘わらず、キリストの名によって、信仰の名によって罪を犯し、神の御名を汚してきたのである。この教会の罪に対し、今世紀、世界の教会に深い反省が生れ、各教派間の和解と交流を目指して、世界キリスト教協議会（WCC）が設立された。所謂《いわゆる》エキュメニカル・ムーブメントである。しかし、始まってから九十年以上経過したにもかかわらず、今やこの運動は形骸化《けいがいか》し停滞している。以前のような偏見や誤解、そこから生じる対立は非常に少なくはなったが、一致の方向への進展は捗《はかど》っていない。

ところが一九六〇年頃から俄然《がぜん》風向きが変わってきた。カリスマ運動が起こったからである。私は一九七五年に聖霊の恵みを受け、初めてカリスマ的な集会に参加したことがあった。何とそこにはカトリックのシスターや神父も沢山参加しておられ、共に手を握り合って主を讃美することができた。集会が終ると熱い思いが溢れて、私たちは何年来の知己《ちき》のように、抱き合って主の恵みと愛を分かち合ったものだった。私が洗礼を受けた頃には考えられないことであったが、今や聖霊は、和解と一致を全教会に対して進めておられるのである。カリスマ運動はその意味で、聖霊によるエキュメニカル運動と言えるのではないだろうか。

かつて高砂教会に来られたアメリカのカリスマ運動の指導者、ラリー・クリステンソン師は次のように語られた。「従来のキリスト教は、ちょうど池の中にそれぞれの枠をもっているようだった。カトリックという枠があり、長老派、ルーテル派という枠があった。更にいろんな神学や教義の枠もあって、アヒルたちはその狭い枠の中でしか泳げなかった。しかしある時、大雨が降って池が溢れ、水が枠を越えてしまった。そこでアヒルたちは自由にどこでも泳ぎ始めた。実にその時代が到来した。教派の壁、教団の壁は打ち破られて、今や聖霊によって教会が一つに成っていこうとしているのです」と。今日のNRAの設立は、この線上にある。故に私たちはこれに大いに賛同し、参画し、支援していきたいと思っている。

しかし、このような聖霊の大きな流れがやってきても、人間の弱さや罪の故に、簡単には一致へと届かないようだ。一通の手紙が私の所に来た。その差出人はこれまでカリスマ運動を推進する同志として、私が尊敬していた人物であったが、私はその内容に仰天《ぎょうてん》した。曰く、「あなたのようなリベラルな人は、日本リバイバル同盟に相応しくない。日本リバイバル同盟から脱《ぬ》けるべきだ。あなたが脱けないなら、自分が脱ける」という内容だった。私は余りのことに愕然《がくぜん》とし、悲しみと怒りをもって返書を送った。「今日、カリスマ運動やNRAがどうして生れたのかあなたはご存知ないのか。主なる神は教会の分裂や争いを深く痛まれ、今日の教会に聖霊を注いで、教会を一つにしようとしておられるのではないのか。あなたは再びキリスト教会を、以前のような神学や教派の伝統の相違に固執して、無益な争いに戻そうというのか」と。

今日、聖霊が全教派的に注がれているのは、主なる神が教会の一致を願っておられるからである。けれども悪霊は、人々の内にあるプライドや心の傷、嫉妬《しっと》に働きかけて、一致を妨げようとしてくる。悪霊は分裂をもたらす霊である。しかし、主なる神が私たちに与えて下さった上からの霊は聖霊であり、聖霊は人々に一致をもたらす霊である。私たちはこの聖霊によって一致を保ち続け、更なる神の目的に向かって進もうではないか。

13　聖霊は謙遜を好む

にせ預言者を警戒せよ。彼らは、羊の衣を着てあなたがたのところに来るが、その内側は強欲なおおかみである。あなたがたは、その実によって彼らを見わけるであろう。茨からぶどうを、あざみからいちじくを集める者があろうか。そのように、すべて良い木は良い実を結び、悪い木は悪い実を結ぶ。良い木が悪い実をならせることはないし、悪い木が良い実をならせることはできない。良い実を結ばない木はことごとく切られて、火の中に投げ込まれる。このように、あなたがたはその実によって彼らを見わけるのである。わたしにむかって『主よ、主よ』と言う者が、みな天国にはいるのではなく、ただ、天にいますわが父の御旨を行う者だけが、はいるのである。その日には、多くの者が、わたしにむかって『主よ、主よ、わたしたちはあなたの名によって預言したではありませんか。また、あなたの名によって悪霊を追い出し、あなたの名によって多くの力あるわざを行ったではありませんか』と言うであろう。そのとき、わたしは彼らにはっきり、こう言おう、『あなたがたを全く知らない。不法を働く者どもよ、行ってしまえ』。
（マタイによる福音書　七章一五節～二三節）

私達の高砂教会は、三つの教会理念を掲げ推進している。その中のひとつとして、「カリスマ運動の推進」がある。今世紀の半ば、新しく主が興《おこ》された聖霊の御業とその運動をカリスマ運動と呼んでいる。私たちは日本において、この運動を積極的に推進していく役割を担っているが、現在、カリスマの働きを通して日本でも次々と教会が復興しており、成長を遂げていっている。その中で最も大きな教会となっているのは、神奈川県にある大川従道牧師の牧する大和カルバリー・チャペルである。

十数年前、早天祈祷会で私達の教会の伝道師が「どうぞ手束牧師先生が西の大川と呼ばれるようになりますように」と祈っていたことがあった。私は当時、大川牧師の名前は聞いていたが、個人的には知らなかった。伝道師が祈るところの大川牧師とはどんな方だろうかと関心を持ったものである。一九九五年頃だったか、その大川牧師が牧する教会附属の神学校における奉仕の機会が与えられた。講義の後食事のテーブルを囲んだが、その時大川牧師の気配りには驚いた。「気配り牧師」との異名もあるそうだが、私はその気配りと細やかさにいたく感心したものである。

また、大川牧師は優れた見識を持っておられ、私の著書「聖なる旅」に対しても、著者である私の言わんとするところをしっかりと読み取られ、適切な論評を「キリスト新聞」紙上に書いてくださった。ところがこの大川牧師がＮＲＡ（日本リバイバル同盟）の評議委員会の席上、「手束先生は以前から、自分はカリスマだ、カリスマ運動を推進していると言って憚《はばか》らなかったが、かつて私は自分がカリスマだと言われることが嫌だった。できるだけ隠そうとした」と発言された。私はこんな立派な実力のある先生でもそうだったのかと、些《いささ》か驚いたことがある。

同様に、福音歌手の森祐理姉も台湾伝道旅行の途上で次のよう話されたことがある。それは、私が「この方はたくさんいる福音歌手の中でも、最も聖霊に満たされた歌手です」と彼女を紹介した時のことである。彼女は「先生がああいう風に言ってくださって、とても嬉しかったです。カリスマ的な姉妹だと言われたらどうしようかと思っていました」と洩《も》らされたのであった。彼女も自分はカリスマだという風に思われたくないと考えていたようである。

なぜカリスマという言葉に対して、人々は余り良い印象を持たないのだろうか。抵抗があるのだろうか。これについて私は、初著『キリスト教の第三の波』に〝カリスマの語義的混乱〟という項目で神学的な分析をしたことがある。詳細は省くが、少し概略を述べたいと思う。聖書ではカリスマというギリシャ語は〝御霊の賜物〟（口語訳）、〝聖霊の賜物〟（新共同訳）と訳されている。要するにカリスマとは、キリストの体なる教会の形成のために、神が与えてくださった恵みの賜物なのである。お互いが仕えあうために私たちに備えられた力であり、奉仕概念なのである。

ところが、マックス・ウェーバーがその著書「支配の社会学」の中で、カリスマという言葉を支配概念として登用したのである。それ以後、カリスマとは他の人を支配し、動かすものとして考えられるようになり、一般マスコミにおいてもカリスマは支配概念として用いられるようになった。このため、カリスマ運動に対しても様々な誤解が生じ、一時期カリスマ運動との呼称をやめて、聖霊刷新運動に統一しようと試みられたこともあった。けれども私はそれに反対した。なぜなら、聖霊運動は今に始まったことではない。二千年の教会の歴史の中で繰り返し繰り返し興され、その時々の聖霊の働きの特徴を捉えて様々な呼び方がなされてきた。

例えば百数十年前、アメリカで聖めを強調した聖霊運動が興った。人々はそれをホーリネス運動と呼び、そこからホーリネスの諸教会が誕生した。したがって聖霊刷新運動というだけではその内容は分からない。聖霊の働きは多方面に亘るものであり、人格を深める働きもある。その面の聖霊の働きを強調したのがホーリネス運動である。

翻《ひるがえ》って、今日のカリスマ運動は御霊の賜物、即ち、超自然的な聖霊の力が強調されている。これを単に聖霊刷新運動と呼ぶならば、どのような聖霊の働きが興されているのかが不明瞭である。それ故、聖霊の超自然的な力を強調するものとして、この場合はカリスマ運動と呼ぶべきではないかと私は思う。故に私は最初から積極的に何の躊躇《ちゅうちょ》も覚えずカリスマ運動と呼んできた。

数年前、三菱自動車が「カリスマ」という名の車を売り出した。私はその名前が気に入ってこの車を購入したが、その時、次男がこの車について調べたところ、その説明文には、「カリスマ」とは〝神の恵みによって多くの人々に愛されること〟だと書かれていたという。確かにそうも言えるだろう。

カリスマというギリシャ語は「カリス」と「マ」という言葉からなり、「カリス」は〝神の恵み〟という意味で、「マ」は中性名詞の第三変化を表わすための語尾である。故にカリスマとは、〝神の恵みによって戴くもの〟というのが、本来の意味であり、自分の力ではなく、神の恩寵によって戴く賜物である。それ故に誰も自分を誇ってはならないのである。

本日の聖霊降臨祭特別礼拝にあたり、マタイによる福音書七章一五節から二三節の山上の説教の最後の部分を取り上げている。なぜペンテコステにこの箇所かと思う人もあるかもしれないが、ここにはカリスマの本来的な意味と、それがいかに逸脱《いつだつ》してしまうかについてが教訓的に記されている。それ故、敢えてこの箇所を取り上げたのである。

主イエスは一五節で「にせ預言者に警戒せよ」と激しい言葉で語られた。にせ預言者とはどういう人だろうか。預言者といわれるからには、その人は超自然的なカリスマ的な力を持っていたと思われる。次に主は、「彼らは、羊の衣を着ている」と言われた。羊の衣を着ているからには、その人物はクリスチャンを指していると考えてよい。同じキリストを信じるクリスチャンなのである。更に「にせ預言者」とは、外から教会に入ってきてクリスチャンのふりをする者と言うより、教会の指導者的立場を暗示している。続いて、「その内側は強欲なおおかみである」と語られている。新共同訳等では、「貪欲なおおかみ」と訳し、ある聖書注解者は、「権力・地位・金銭に対して貪欲であって、結局相手を破壊してしまう、これが強欲なおおかみだ」とこの箇所を説明している。

十五、六年前になるだろうか、ベティ・タプスコットという極めて霊的な婦人宣教師が来日されたことがあった。高砂教会では聖日礼拝のメッセージと午後のセミナーの奉仕をして下さり、大いに恵まれた。その集会後、タプスコット師は、高砂教会には神さまの愛が豊かに溢れていると感想を述べられた。そして翌日からタプスコット師は、聖霊セミナー関西協力会主催の「内なる癒しのセミナー」に臨《のぞ》み、奉仕して下さった。この時先生の按手のミニストリーによって、人々が次々と倒れた。私は霊の安息というものをこの時初めて見、また私自身も体験したのであった。その後、師はある教会で奉仕をされたのだが、その教会の牧師が「私たちの教会に対する感想や言葉がありますか」と尋ねられたという。その時、タプスコット師は暫《しばら》くためらわれた後、次のように言われた。「この教会は聖霊に逆《さか》らっています」と。その言葉はそこにいた人々を大変驚かせた。なぜなら、その教会は聖霊を崇め、聖霊運動を熱心に推進していた教会であったからである。私自身、この教会の牧師を尊敬し、いろいろと教えていただいたことがある。ところが、その教会は聖霊に逆らっていると、この静かな婦人宣教師はきっぱりと語られたのである。一体どういうことだろうかと、私はいぶかった。

果せるかな、タプスコット師の預言の言葉があってから約一年後、その教会は分裂し、多くの信徒が教会を去った。そして年を経るごとに、かなり大きかったその教会は潮が引いたように小さくなっていった。聖霊が教会を去ったと考える他なかった。私はこの現実を目の当たりにして心が痛んだ。パリサイ人は取税人をして、「自分はあのような罪人ではないことを感謝します」と祈った（ルカ一八・一二）。しかし、私はそんな風には決して言うことができない。この牧師と教会に起こった問題は他人事では決してない。彼らの陥った間違いは、私自身は勿論、誰でもが陥る可能性があると思ったからである。

さて、ここで取り上げている聖書の箇所に戻る。主イエスがにせ預言者と呼ばれたこれらの人々も最初からそうではなかったであろう。初めは霊的にも素晴らしかった。しかし途中からおかしくなり、ズレ落ちていったのである。そしてその原因は高慢、高ぶりである。いつの間にか傲《おご》りが入ってしまったのである。それはイエスの叱責《しっせき》に対するにせ預言者の応答によって分かる。「主よ、主よ、わたしたちはあなたの名によって預言したではありませんか。また、あなたの名によって悪霊を追い出し、あなたの名によって多くの力あるわざを行なったではありませんか」(二二節)。ここには、神の恵みによっていただいた聖霊の賜物・カリスマを、あたかも自分自身の功績であるかのように誇り、自分の手柄として吹聴《ふいちょう》している姿がある。これこそ高ぶりの実体であるが、しかし、この弱さは私たち誰もが持っていると言わなければならない。だから偽預言者とは、あの人この人のことではなく、他ならぬ私たちのことなのである。いつのまにか、高慢、高ぶりに陥ってしまう私たち自身に他ならない。カリスマ運動を推進しようとする者は、常にこのことに細心の注意を払い、謙遜を学び続けねばならない。聖霊は謙遜を喜ばれ、謙遜な器を長く用いられていくのである。

冒頭で語った大川従道牧師は『風は已が好むところに吹く』という説教集の中で、ご自身の信仰の大きな転機となったのは、ヨハネによる福音書三章八節の御言葉との出会いだったと語っておられる。有名な主イエスとニコデモとの対話であるが、主はニコデモに向かって「風は思いのままに吹く。あなたはその音を聞くが、それがどこから来て、どこに行くかは知らない。霊から生まれる者もみな、それと同じである」と言われた。〝風は思いのままに吹く〟を文語訳聖書では、〝風は已が好むところに吹く〟となっており、大川牧師はこの文語訳が心に響いたという。風とは言うまでもなく聖霊である。人格なる聖霊には好き嫌いがあられ、ご自身の好むところに行かれるのなら、自分を聖霊の好まれる者とさせていただきたい。聖霊を崇め、聖霊の好まれることを成していくなら、聖霊は祝福してくださる筈だと大川牧師は悟ったという。かくて聖霊に従っていく中で、大和カルバリー・チャペルは大きく復興の道を辿《たど》っていった。

〝風は思いのままに吹く〟という御言葉はギリシャ語の原文で読むと、〝ト・プニューマ・ホプー・セレイ・ペネイ〟である。セレイという言葉は、思いのまま、あるいは好むという意味にもなるが、〝維持する〟、〝支持する〟という意味でもある。すると聖霊はご自身が支持し、維持する方向に吹くとも理解することが可能となる。自然界の風が高気圧から低気圧に向かって、即ち高い所から低い所に吹くように、聖霊もまた、自らを低くした謙遜な人に向かっていくということになる。ならば聖霊ご自身の好まれる者となるために、私たちは心を低くし、謙遜を学び続けていかなくてはならない。

では、謙遜であるとは如何なることであろうか。聖書の語る謙遜とは、日本人が一般的にいうところの謙遜とは少しく異なる。それは何よりまず神との関係における謙遜である。神学者カール・バルトは「謙遜とは、自己の空虚化である」と語っている。自分を空しくし、内なる我《が》を放棄する、つまり神の前に自分を主張しないことだと言っているのである。高慢の根底は〝我〟であり、その反対の劣等感の根底もまた〝我〟である。しかし、本当の謙遜とは、神の前に自我を明け渡すことである。自分を主張せず、神の御前に明け渡し空しくする時に、聖霊ご自身のみ思いのままに、喜んで私たちの内に来られ、私たちを愛のうちに用いて下さるのである。

混迷の現代社会にあって、台湾の李登輝前総統は世界中の政治家の中で最も優れた政治家の一人だと、私は思っている。李氏は元々学者で大変優れた見識を持ち、あわせて神を畏《おそ》れる熱心なクリスチャンでもある。その李氏の著書「愛と信仰―わが心の内なるメッセージ」の中にこういう一節があった。「最近ある友人が海外に出かけるというので、彼に字を書いて送った。その友人はキリスト教徒ではなかったので、聖書の言葉を差し上げることはせず、金剛経の『一斉法無我《いっさいほうむが》、得成於忍《とくせいおにん》』の一句を贈呈しました。ここでいう『法』とは仏教の中の『あらゆる意見、言行』の意味であります。あらゆる物事の順序、作法には没我《ぼつが》の時が最良であり、成功するか否かは、人の忍耐の度合いによって決まるということであります。これは大変重要な言葉です」。

ここで挙げられている〝一斉法無我、得成於忍〟とは、つまり、あらゆることについて、没我、即ち自己を明け渡し、捨て、その上に忍耐していくならば、必ずその忍耐の度合いによって、成功はやってくる、という意味である。つまり自分に対するこだわりや囚《とら》われから解放され、自己を明け渡し、空しくなって更に忍耐していくならば、その忍耐の度合いに比例して、その人は人生の成功者となっていくことになるのである。

正にこの言葉は、聖書の語らんとしていることでもある。人が自己に対する囚われから自由にされ、神の前に謙遜にされる時、聖霊は喜んでその人の内で発動し、その人を通して御業を行なわれる。聖霊は謙遜さを好まれるからである。ならば私たちは常に主を畏《おそ》れ、遜《へりくだ》った思いを持って、謙遜にこの人生を歩む者とさせていただこう。聖霊の喜ばれる謙遜な器へと、日々砕かれていきたいものである。

14　第二の聖霊降臨

ふたりはゆるされてから、仲間の者たちのところに帰って、祭司長たちや長老たちが言ったいっさいのことを報告した。一同はこれを聞くと、口をそろえて、神にむかい声をあげて言った、「天と地と海と、その中のすべてのものとの造りぬしなる主よ。あなたは、わたしたちの先祖、あなたの僕ダビデの口をとおして、聖霊によって、こう仰せになりました、『なぜ、異邦人らは、騒ぎ立ち、もろもろの民は、むなしいことを図り、地上の王たちは、立ちかまえ、支配者たちは、党を組んで、主とそのキリストとに逆らったのか』。まことに、ヘロデとポンテオ・ピラトとは、異邦人らやイスラエルの民と一緒になって、この都に集まり、あなたから油を注がれた聖なる僕イエスに逆らい、み手とみ旨とによって、あらかじめ定められていたことを、なし遂げたのです。主よ、いま、彼らの脅迫に目をとめ、僕たちに、思い切って大胆に御言葉を語らせて下さい。そしてみ手を伸ばしていやしをなし、聖なる僕イエスの名によって、しるしと奇跡とを行わせて下さい」。彼らが祈り終えると、その集まっていた場所が揺れ動き、一同は聖霊に満たされて、大胆に神の言を語り出した。

（使徒行伝四章二三節〜三一節）

この箇所は、学者たちの間でいささか論争されるところである。それはドイツの神学者グスターフ・シュテーリンが、このところを初代教会に起こった第二のペンテコステだと論じたことに起因する。これに対し多くの学者たちが反論しているが、私はシュテーリンの説を支持したい。最初のペンテコステである使徒行伝二章の記述に較べ、極めて省略された記事ではあるが、私はここにおいて、再度初代教会は聖霊降臨を体験したと確信する。何故、そう考えるのか、その理由を述べよう。

その第一は聖霊降臨の後、初代教会に起こった共産社会の誕生である。この四章においても、二章と同様「みんなの者は自分の所有を主張せず、必要に応じて分かち与えられた」と理想的共同体が実現したことが記されている。かつてカール・マルクスは「社会主義は働きに応じて取る社会であり、共産主義は必要に応じて取る社会」と定義した。そして人類は必ず歴史の究極の目標たる理想社会、即ち共産社会に到達するであろうと論じた。マルクス理論は、洪水のように世界地図を塗りつぶし、ついには世界の半分近くが社会主義体制下に入った。しかし、マルクスの理論は今や実現不可能なことが明白になった。

一九八九年六月、中国において、かの天安門事件が起こった。その時私は、二十数名の教会員と共に台湾の姉妹教会を訪問中であり、台湾高砂族の教会の方々が開いて下さった私のバースデイパーティーの最中に、このニュースが飛び込んできた。中国政府は自由化、民主化を求める学生たちに銃口を向け、この運動は銃と戦車によって圧殺されたかに見えた。ところが、この天安門事件がのろしとなって、東ヨーロッパ諸国の社会主義体制はドミノ式に崩壊していったのである。今日、アジアにおいて社会主義体制下にあるといわれる中国は、北朝鮮の「赤い封建主義」になぞらえて、今や「赤い資本主義」と言われるようになり、当初の社会主義の理念は大幅に修正を余儀なくされている。そして世界的には天安門事件以後、瞬《また》く間に社会主義体制は崩壊し、必要に応じて取る社会、即ち共産主義社会の実現は夢のまた夢となった。マルクスの理論は単なる理想、幻に過ぎなかったのかと、人類はある種の深い挫折を味わったのである。

しかし、聖書は何と言っているか。聖霊降臨を通して何が起こったか。「それぞれの必要に応じて、誰にでも分け与えられた」と記されている。必要に応じて取る理想的共産社会がここには実現している。人類の成し得なかった実現不可能であるはずの社会が、初代教会で実現したと聖書には書かれているのである。そしてそれを可能としたのは圧倒的な聖霊の働きと満たしによるのであった。

聖霊に充満されるとき、その人は内側から改革されて、愛に溢れ、欲望から清められていく。初代教会における理想的共産社会は、人間の努力の結果ではなく、聖霊の圧倒的な注ぎと満たしの結果、自然のうちに誕生していったのである。正に最初のペンテコステにおいて実現した人類の究極の理想的共同体が、四章においても成立しているのである。それ故にシュテーリンの主張するように、第二の聖霊降臨と位置付けることが適切ではないだろうか。

第二の理由は、私自身の体験を通してである。一九七五年七月二十八日、私たちの教会は国民宿舎「みとろ荘」で修養会を開いた。その時、私たちは「みとろ荘」の二階座敷で突然聖霊の降臨に見舞われた。バリバリという音と共に、濃い霧のようなものが部屋全体に注がれて、そこに居た二十数名の信徒たちは泣き出した。全く予想もしない一方的な神の恩寵として、この出来事は起こされた。これを機に高砂教会は変えられ、カリスマ的教会としての新しい歩みが始まったのである。

同年十月二十六日、宗教改革礼拝が捧げられたのであったが、その説教の結びに、思わず知らず「万軍の主は言われる。高砂教会よ、日本キリスト教団の信仰復興の拠点となれ」と叫んでいた。その結びの言葉は説教と言うより預言となっていたのである。私の準備した説教には、もちろんこのような言葉はなく、主が私を通して突然に語られたのであった。その時、説教壇と会衆席の中ほどに、ザァーと聖霊が注がれるのが見えた。二十数年前の出来事であるが、今尚はっきりとその時の状況を覚えている。

その朝は、礼拝が始まる前から、いつもの礼拝の空気とは異なる緊迫感があり、礼拝堂全体が澄み渡ったような感じであった。普段はよく遅れる人もどういうわけか礼拝の時刻には席につき、誰一人遅刻する者はいなかった。私は心の中で珍しいこともあるものだと感心したことも記憶に残っている。そして礼拝の間中、聖霊は色濃く臨在され、「新しい心」と題して使徒行伝五章一節から一一節をひもといたのであった。

更に記憶を辿ると、前日まで数日間私は聖霊セミナーなるものに参加し、そこで聖霊に満たされた牧師たちから接手の祈りを受け、聖霊の油注ぎを体験したのである。そのためか帰宅した私は権威に満ち溢れており、妻は近づくのが恐かったほどだったと言う。翌日の聖日の早朝大声で異言により祈っていると一つの幻が見えた。それはちょうど電気がバシバシとショートするような感じと情景で、私は驚いて目を開け「これは一体何だろう」と不思議さにうろたえた。また、その日私の説教の声は、いつもと違い、重々しく深い声だったらしく、「先生の声はいつもと違うと思った」と会衆は言った。この時、正に私たちの教会は第二回目の聖霊降臨を体験したのである。初回のように突然の一方的な出来事ではなく、それは準備されて起こった聖霊降臨であった。そしてその日を境に、高砂教会は聖霊、カリスマをめぐる紛争に突入し、結果、七年間の戦いを通して教会は新しく作り変えられていき、今に至っているのである。

初代教会における第二のペンテコステ、聖霊の降臨も決して突然の出来事として起こったのではなく、その前に迫害があり、ペテロとヨハネが逮捕され裁判にかけられた。しかし二人は釈放され、信徒たちは彼らを喜び迎えて、祈りが捧げられた。この祈りの結果、聖霊降臨が起こったのである。「彼らが祈り終えると、その集まっていた場所が揺れ動き、一同は聖霊に満たされて、大胆に神の言を語り出した」(三一節)。第一回目の聖霊降臨は突然の恩寵として、風は思いのままに吹くとの御言葉の如く、全く一方的に与えられた。しかし、二度目の聖霊降臨は、祈りの結果与えられたものである。それでは聖霊降臨をもたらせた祈りとは、いかなる祈りだったのだろう。

第一に「彼らは口をそろえて祈った」とあるが、新共同訳や新改訳では「心を一つにして」と訳している。初代教会の人は心を一つにして祈ったのである。皆が心を一つにして祈るためであり、心を合わせて祈る時、神の御座は揺り動く。教会が祈祷会を重視するのも、皆が心を一つにして祈る時、神の御座が動くからである。心を一つにして祈る祈りはどんなに力あるものとなるだろうか。私自身何度も体験をしていることである。

二番目は、彼らの祈りが切羽詰《せっぱ》まった祈りであったことである。初代教会はこの時危機に直面していた。ペテロたち指導者が逮捕され、その後釈放されて帰ったとはいえ、迫害の手は目の前に迫っていた。人々は喜びのうちにも緊張し、不安や恐れも大きかったであろう。それ故彼らは切羽詰まり、ただ神にのみ信頼の目を向けていったのである。現在の私たちの祈りはどうだろうか。口先だけの惰性的《だせいてき》な祈りに陥ってはいないだろうか。切羽詰まって心を込めて祈る時、その祈りを神は聞いてくださるのである。

三番目に、彼らの祈りは自己保身の祈りではなかったということである。単に目先の困難や迫害の恐れからの守り、助けを懇願《こんがん》したのではなく、神の御心を追い求め、それが成るようにと祈った。つまり腹をくくる祈りをしたのである。そして「主よ、いま彼らの脅迫に目をとめ、僕たちに思い切って大胆に御言葉を語らせてください」（二九節）と祈った。彼らは困難の中にあっても尚「思い切って大胆に語らせてください。伝道させてください」と祈ったのである。主なる神は、このように主のために腹をくくって、思い切って自らを捧げる人、覚悟する人をよしとされる方なのである。

高砂教会では、周辺の教会のカリスマ刷新を願って、婦人たちのための超教派のカリスマ集会

〝グレース・ワーシップ〟を開いているが、ある時ゲストに迎えた西宮一麦教会の下条末紀子牧師がこんな話をされた。下条牧師は神学校卒業と同時に、何もないところからたった一人で開拓伝道を始めた。そして主の恵みによって教会はどんどんと成長した。するとやがて周りの牧師から、よく女性牧師でここまで頑張ったものだと一目置かれるようになった。ところが下条牧師が「全日本甲子園リバイバル・ミッション」を提唱し、開催に向けて動き出すや否や、思わぬ人々から誹謗や中傷が流され、果ては様々の圧力が先生を苦しめるようになった。しかし、下条牧師はたじろがず腹をくくった。女だからといって退散し、主に託されたビジョンを放棄《ほうき》するわけにはいかない。「女は度胸」とばかり、どんな攻撃もこの身に受けようと覚悟してこの働きを進めていったとき、主なる神は豊かな油注ぎと祝福を与えてくださったというものであった。

司馬遼太郎の文学の動機は、終戦間近、彼が陸軍少尉時代の一つの事件に起因するという。当時部隊は栃木県の佐野に駐屯《ちゅうとん》していたが、米軍が東京に上陸するから東京に向けて戦車を動かせる体制を取れという命令が下った。それを聞いた司馬遼太郎は、もし東京に米軍が上陸したら、逃げてくる多勢の人々と戦車隊はぶつかるかもしれない、この場合どうするのかと上官に質問をした。すると上官は彼の質問にしばし絶句した後、はき捨てるように「踏みつぶして行け」と叫んだという。彼は唖然《あぜん》とした。日本が戦争しているのは国を守るためではなかったのか。確かに天皇のためであるには違いないが、同様に国民のためでもある。どうして逃げ惑う国民を自国の戦車が押しつぶして良かろうか。自分たちの国は何と愚かな指導者によって動かされているのだろうか。こんなことでは勝てる筈がないと彼は考えた。この体験が彼の文学の原点となったのである。そして、同じ日本人でも明治時代の日本人はこんな風ではなかった筈だ。昭和の人間と明治の人間との違いはどこにあるのか。彼は戦後、この問題を懸命に追求していった。結果、明治維新を生きた日本人には、一旦事が起こった場合、腹をくくり、それに向かって身を投げ出す覚悟があったことを発見したのである。しかし、昭和の人間にはその覚悟がなく、捨て身になれない。ここに大きな違いがあるということに行き着いたというのである。

主なる神は、主のみ業のために腹をくくる人を求められ、そのような人を喜ばれる。私はよく「手束先生は、堂々とカリスマ的信仰を表明されているが、自分にはなかなかそれができない」と、何人もの牧師達の悩みを聞いてきた。確かに自らの立場を公にしカリスマ運動に挺身《ていしん》する時、批判や攻撃、差別を受けたり、色んな役職から外されたり干されたりすることが起きてくる。私も、これまでどれ程そのような目に遭《あ》ってきただろうか。しかし、私はある時から覚悟した。「これは神の革命なのであるから、迫害や反対があるのは当然だ」。そこで私たちは日本キリスト教団のカリスマ刷新を願って「日本キリスト教団聖霊刷新協議会」を建て上げた。一人でも多く聖霊の恵みを体験した牧師や信徒の方々にこの協議会に加わっていただき、互いに励まし合いながら、日本キリスト教団の聖霊刷新の運動を共に進めたいという願いからである。にも拘わらず、まだこれに応答し自らの立場を表明することを恐れている方も少なくないという現状に、私は憮然《ぶぜん》たる思いを押さえることができない。

もっと勇気を出して欲しいと思う。人間はついつい人の目や口を恐れたり、自らが被《こうむ》る不利益を考えたりしがちであるが、批判や中傷が一体何だろうか。主イエスご自身が誰よりも多くの批判や中傷を受けられた方ではなかったか。中世の神秘化トマス・ア・ケンピスは語っている。

「わたしは心静かに侮りを忍んだ。

恩恵に対して忘恩を受けた。

奇跡に対して冒涜を受け、教訓に対して非難を受けた。

キリストは進んで苦しみ侮りを受けた。

またたキリストには、いつも愛する人と誹《そし》る人があった。

このキリストの姿を見て、それでもあなたは尚、すべての人を友とし、人々によく思われたいのか」と。

15　使徒通達の霊的意味

　そこで、使徒たちや長老たちは、全教会と協議した末、お互の中から人々を選んで、パウロやバルナバと共に、アンテオケに派遣することに決めた。選ばれたのは、バルサバというユダとシラスとであったが、いずれも兄弟たちの間で重んじられていた人たちであった。この人たちに託された書面はこうである。

「あなたがたの兄弟である使徒および長老たちから、アンテオケ、シリヤ、キリキヤにいる異邦人の兄弟がたに、あいさつを送る。こちらから行ったある者たちが、わたしたちからの指示もないのに、いろいろなことを言って、あなたがたを騒がせ、あなたがたの心を乱したと伝え聞いた。そこで、わたしたちは人々を選んで、愛するバルナバおよびパウロと共に、あなたがたのもとに派遣することに、衆議一決した。このふたりは、われらの主イエス・キリストの名のために、その命を投げ出した人々であるが、彼らと共に、ユダとシラスとを派遣する次第である。この人たちは、あなたがたに、同じ趣旨のことを、口頭でも伝えるであろう。すなわち、聖霊とわたしたちとは、次の必要事項のほかは、どんな負担をも、あなたがたに負わせないことに決めた。それは、偶像に供えたものと、血と、絞め殺したものと、不品行とを、避けるということである。これらのものから遠ざかっておれば、それでよろしい。以上」。

（使徒行伝一五章二二節〜二九節）

このくだりは、エルサレムにおける使徒会議の決定後の顚末《てんまつ》が描かれている。使徒会議でなされた決議はその場限りのものではない。初代教会の大切な公的文書として、その性格を明瞭にするため書面をもって作成された。そしてこの公文書は、単にパウロとバルナバの二人だけでアンテオケ教会に持ち帰ったというのではなく、彼らと共にユダとシラスの二人の預言者が同行していた。それは、この文書が使徒会議によるキリスト教会全体の公の決定であることを証明するためであり、その後この決議内容が全教会に公布されるためである。では、使徒会議で決定された使徒通達とはいかなる内容だったのか。そこには二つのことが語られている。

第一は、パウロとバルナバに対する正しい評価である。使徒通達は、まず彼らの信仰と思想の正当性を保証し、彼らの働きとエルサレム教会が一体であることを確認した。一五章二六、二七節に「このふたりは、われらの主イエス・キリストの名のために、その命を投げ出した人々であるが、彼らと共に、ユダとシラスとを派遣する次第である。この人たちは、あなたがたに、同じ趣旨のことを、口頭でも伝えるであろう」と記しているように、パウロとバルナバは大変優れた人物であり、二人ともキリスト教の歴史に残る大きな働きをなした。ところが、今では信じ難いことだが、当時の教会内にはこの二人を歓迎しない者も多かったのである。彼らはけしからん奴等だ、本来の信仰をねじ曲げ、教会内に混乱をもたらせている輩《やから》だと、盛んな誹謗、中傷が行き交《か》っていた。しかし、使徒通達は、そのような悪い風評に抗して、パウロとバルナバは立派な伝道者であって、キリストのために命も投げ出す人物だと保証したのであった。そして彼らと共に、ユダとシラスを送って、この人たちも彼ら二人の宣教の正統性を保証し、エルサレムの教会にしっかり結ばれていることを確認したのである。

私は現在、リバイバル新聞の論説員の一人としてその任に当たっているが、これを委託された時、リバイバル新聞に対し、ある投書があった。「どうして、聖書を神の言葉として信じないあのようなリベラルな人物に書かせるのか。リバイバル新聞にふさわしくない」という趣旨のものであった。これに対しリバイバル新聞はすぐさま次のような回答を紙上に掲載した。「本紙『リバイバル新聞』は、言うまでもなく日本リバイバル同盟（ＮＲＡ）の機関紙ではありません。ＮＲＡの立場と理念がそのまま本紙のそれに当たりませんが、『リベラル』という立場に対しては、その幅広さのゆえに、リベラルと言われるグループに属するというだけで排除することはしておりません。手束師におきましては、月刊誌『ＨＡＺＡＨ』一九九七年四～六月号『奥山実熱血対談』から、正統的な聖書信仰に立つ方であると判断し、論説委員として立っていただいております」と。この回答は誠に大きな意味を持っている。これにより、リバイバル新聞は同紙自体の公正的な立場を表明すると共に、その新聞が公に私という人物を保証し、その信仰と神学の正統性を確認したということなのである。

時として、教会の中においても、さまざまな誤解や誹謗、中傷が起こる。時には問題解決のために公文書をもって事を明らかにする必要が起こる場合もある。パウロとバルナバの場合もそうであった。使徒通達は、二人が決して悪く噂されているような人物ではなく、その人となりの確かさ、信仰と神学の正統性を保証し、確認したのである。

第二は、使徒通達は単なる人間の議論によるものではなく、聖霊の主導のもとになされた権威ある決定だということである、二八節において、「すなわち、聖霊とわたしたちは、次の必要事項のほかは、どんな負担をも、あなたがたに負わせないことに決めた」とある。〝聖霊とわたしたちはこう決めた〟とは、すなわち、この決議は人間的な会議や議論によって決めたのではない。これは単なる人間的な結論ではなく、同時に聖霊なる神ご自身の結論だというのである。

毎年、年度初めになると、知己の牧師たちから転任の挨拶状が届く。それらの書面には「この度、聖霊の導きによって……」と書かれていることが多い。私はそれを見ながら複雑な気持ちになることがある。牧師たちの転任の裏にはさまざまな教会内の問題や事情があったであろうし、自分の思いや計画など、人間的なものもあったに違いない。転任を決意するに当たって、果してどちらが優先されたのか。どこまで真摯《しんし》に聖霊の導きを求めた結果なのであろうか。簡単に聖霊の名前を用いて自己の転任を正当化しているとするならば、果して聖霊様御自身は何と思われているだろうか。

しかし使徒通達は、もちろんこのような自己正当化のために、〝聖霊とわたしたちとはこのように決めた〟と断じているのではない。一体どういう場合に聖霊の導きだと断言できるのだろうか。これについてパウル・ティリッヒは組織神学第三巻「聖霊論」の中で、大変興味深いことを教えている。ティリッヒによると、聖霊の働きであることを示すための五つの要素がある。そしてこれにかなっている時、確かにそれは聖霊の働き、聖霊の御業なのだと彼は喝破《かっぱ》してやまない。

第一の要素は、エクスタティックであるということである。エクスタティックとは、恍惚的《こうこつてき》とも訳せるが、脱自的と訳す方が適切である。霊的な感動や興奮を通し、常識を超えた思いがけないことが起こり、固定観念が打破されることである。ちょうど、主イエスの兄弟ヤコブが使徒会議の中で大自己変革したことが、正にそれである。彼はユダヤ教の影響の色濃い人物であり、それまで、ユダヤ人である彼にとって割礼なしで救われるなどということは考えられないことであった。しかしこの時、ヤコブはそれまでの常識や日常性から脱却し、割礼なしでも救われることを容認したのである。

二つ目にティリッヒは、そこに信仰の創造が起こっているか否かを挙げている。聖霊の御業、導きといいながら、その人が信仰的に弱っていくならばそれはおかしい。聖霊が働いているならば、必ずその人は信仰的に高揚する。疑いやつぶやきは克服されていく。この場合、使徒会議を通して初代教会全体の信仰が引き上げられ、「信仰によってのみ義とされる」というパウロの主張が確認されたのである。

三つ目は、聖霊の働くところ、人々の心の内にアガペーとしての愛の創造が起こっているか否か、はたまた互いに対する労《いた》わりや寛容が表わされているか否かということである。これについて、使徒行伝には省かれているが、使徒会議における重要な付帯決議があったことを、ガラテヤ人への手紙の中にパウロは明らかにしている。パウロは言う。「ただ私たちが貧しい人たちをいつも顧みるようにとのことでしたが、そのことなら私も大いに努めて来たところです」（新改訳ガラテヤ二・一〇）。これにより貧しい人の多かったエルサレム教会への援助献金のために、やがてパウロは並々ならぬ努力を傾けたのである。

四つ目は一致の創造である。二四‐二五節にあるヤコブの発言を通して、初代教会の分裂は防ぐことができ、一致が保たれていった有様を知ることができる。

五つ目は普遍性の創造ということである。これまでの民族的な主張が排除され、キリストの福音が異邦人に向けて大きく開かれていったのである。

以上のように検証してみると、まさにティリッヒが挙げる五つの要素に、この使徒会議の決議はことごとくかなっていたことがわかるであろう。それ故、「聖霊とわたしたちはかく決定する」と、重みのある言葉で宣言されることになったのである。

ところが、使徒通達の普遍性という主張にも拘わらず、二九節には、偏狭《へんきょう》とも思われる四つの禁止条項が付加されている。これは聖霊のもたらす普遍性の創造にそぐわないのではなかろうか。なぜこんな付帯事項をつけたのであろうか。律法からの完全な自由を主張するパウロが、なぜこれを許してしまったのかという疑問が起こってくる。

グスターフ・シュテーリンはこれについて、十三世紀の英国において、時のジョン王に対し貴族たちが同盟して認めさせた「権利憲章、マグナ・カルタの傷以上の汚点である」と批判しつつも、考えられる二つの理由を述べている。一つは律法を神のための基本的法規として、少なくとも原則的には認めるべきものだということを示したかったのではなかったか。すなわち、律法は救いの条件ではないが、生活倫理条項として、遵守《じゅんしゅ》すべきものとして位置付けたかったために他ならないという。この主張は一応理解できるが、それならばどうして、十戒ではいけないのか。モーセの十戒こそふさわしいのではないか。なぜそこに、わざわざ「偶像に供えられたものと、血と、絞め殺したものと、不品行とを避けることである」との条項が付加されたのだろうか。

シュテーリンが二番目に挙げている理由は、この四つの条項を守ることによって、ユダヤ人と異邦人のクリスチャンの交わり、共に食することを可能とするためだという。すなわち、ユダヤ人はこれらの事柄に関して、異邦人を汚れた人々として避けてきたが、異邦人がこの条項を守るなら、両者間に一致が生まれる。ユダヤ人と異邦人の一致のためには、この条項が不可欠であったというわけである。この理由のため、パウロも妥協せざるを得なかったのだという。私は一応この優れた聖書学者の見解に頷《うなず》きつつも、しかし、十分に納得できないものがあった。

そこで私は主に祈った。「聖霊様、どうぞ明らかにして下さい。この霊的意味は何ですか。なぜ、信仰義認を認めつつも四つの条項を守らせようとされたのですか。これを遵守しようとするなら、ビフテキやさしみは食べられないということになるではありませんか。また『ものみの塔』の人々の主張する『輸血は罪』という教理を正当化することになりませんか」。私は祈りながら聖霊の示しを待った。すると突然に霊眼が開かれ、これらの条項と異邦人の偶像崇拝との関連が示されたのである。

実は、わざわざこの四つの条項が付加されたのは、異邦人が信仰によって救われた後、クリスチャンとして成熟していくためには、偶像との関係を完全に断ち切ることが不可欠だったからである。〝血と絞め殺したもの〟がユダヤ人にとって禁じられていたのは、命は血の中に宿り、命は神のものだからである。しかし一方、当時のヘレニズム社会では、密儀宗教が盛んに行われ、異邦人たちは「血の捧げ物」の儀式を盛んに営んでいた。血は彼らの生活に深く係わっていたのである。

次にあげている不品行も、所謂《いわゆる》一般的な性的不道徳ではない。彼ら異邦人の神殿には、聖娼《せいしょう》と呼ばれた娼婦が住み込んでおり、神殿に来る人たちに肉体を提供するということが宗教行為としてまかり通っていた。使徒通達は、これらの聖娼との交渉を断つよう命じているのである。なぜなら、神殿聖娼に限らず、娼婦は悪霊につかれているからである。

つまりこれら四つの条項は、偶像崇拝とその背後にある悪霊との係わりを断つように求めているのである。なぜなら、それらは悪霊と結びついており、折角の信仰をぶち壊すからである。かくて異邦人クリスチャンの信仰を守るため、また信仰的成長の妨げを除くために、過去における偶像礼拝とのいかなる係わりをも断ち切るよう、使徒通達は厳しく命じたのであった。

翻《ひるがえ》って、日本の教会はどうして成長できないのであろうか。原因は幾つもあるが、一番大きな理由は、日本の教会とクリスチャンが偶像との関係を完全に遮断《しゃだん》していないからではないかと、私は思う。せっかく洗礼を受けても、悪霊に誘われて信仰を失い、教会から離れていく人がなんと多いことだろうか。また、長年教会生活をしていながら、信仰がなかなか成長しないのも、そのせいである。

当教会の松本美和執事は、信仰深く、よく祈る方でもある。にも拘わらず、しばしば悪霊の臭いがしていた。そこで私は彼女を呼んで悪霊追放の祈りをした後、彼女に尋ねたことがある。「あなたのご両親は偶像崇拝していませんでしたか」。「いいえ」。「では、おじいさんおばあさんはどうですか」。「いいえ、そんなこと聞いたこともありません」。こう尋ねたのは悪霊の働きがその人に起こってくる場合、両親の霊的な影響、あるいは祖父母からの霊的影響が少なくないからである。しかし、彼女はそのどちらでもなかったが、話しをしているうちに一つのことがわかった。それは彼女の素直さのゆえに、幼い時から親に言われるままに、神社やお寺に行っては手を合わせる習慣がついていたことである。そこで私は、彼女に勧めた。「それらをすべて悔い改めて、思い出すごとに断ち切りの祈りをしてごらんなさい」。そこで彼女は言われたように実行したところ、主の御声が聞こえた。「わたしはねたむ神である。わたしはねたむ神である」（出二〇・五）と。私の見立てた通りだったのである。私たちが、かつて偶像に手を合わせ、悪霊との関係を持っているならば、その影響は後々まで及び、立派に信仰生活をしているにも拘わらず、悪霊の影響から離れることができないことになる。

もう一人汐崎多々子執事も、信仰が深められよく奉仕する人となったが、なぜか最近とみに悪霊の臭いがするようになった。私は度々、彼女の頭に手を置き、悪霊の追い出しの祈りをするが、その時は出ても、すぐまた悪霊は彼女のもとに帰ってくる。そこで私は彼女と話しをした。両親は偶像崇拝していなかったか、祖父母は偶像崇拝をしていなかったかと質問したが、そのようなことはないという。しかし、語っているうちに彼女は一つのことを思い起こした。それは彼女の一族がある氏神様《うじがみ》を信奉し、その氏神の名前から一字をとって、彼女の名前をつけたという。私はそれだと思った。それを断ち切らねばならない。名前を聖別するか、あるいは改名するかどちらかにするように勧めた。そして、イエス・キリストの御名によって、その氏神からくる悪霊を完全に遮断《しゃだん》していったのである。

悪霊はストーカーのようなものである。何気ない、ほんの些細《ささい》な係わりでも、それにつけ込んでいつまでも追いかけて来る。私たちは断固として、ストーカーである悪霊を断ち切らねばならない。自分一人でストーカーから逃げることが困難であるようならば、警察に来てもらうように、主イエスに来てもらわなくてはならない。イエス・キリストの御名によって悪霊を断ち切り、明確に決別を宣言することが大事である。そのためには、キリストに介在してもらうことが効力を持つ。

奥山実師はその著『悪霊を追い出せ』の中で、興味深い実例を挙げている。ある教会で会員を二人一組にして、お互いの過去の偶像との関係を告白し、その後、お互いのために悪霊からの断ち切りの祈りをしていった。するとその結果、教会は驚くほどに潔められていったというのである。

使徒通達が訴えているのもまさにこのためであった。過去の偶像との係わりを完全に遮断《しゃだん》して、悪霊との関係を断固断ち切ることによって、あなたの信仰生活は恵みの内に導かれる。私たちは過去の一切の偶像との係わりを主の前に差し出し、悔い改めて断ち切っていかなくてはならない。その時、私たちの内におられる聖霊がどんなに満ち溢れ、豊かに潤《うるお》して下さることだろうか。

16　聖霊さまのご性質（1）――それは風の如く

五旬節の日がきて、みんなの者が一緒に集まっていると、突然、激しい風が吹いてきたような音が天から起ってきて、一同がすわっていた家いっぱいに響きわたった。また、舌のようなものが、炎のように分れて現れ、ひとりびとりの上にとどまった。すると、一同は聖霊に満たされ、御霊が語らせるままに、いろいろの他国の言葉で語り出した。

（使徒行伝二章一節〜四節）

聖霊降臨祭を迎える前の週、私たちの教会では聖霊降臨を待望する特別な祈祷会の他に、月曜日と金曜日の夜、待望家庭集会をもっている。この待望家庭集会で、一人の姉妹が証をした。彼女は十数年間ものみの塔で学んだが、納得できず入会する決心がつかなかった。そんな中で高砂教会に出会い、その明るさ、溢れる喜びや解放感に引き付けられて洗礼へと導かれたということであった。ものみの塔の伝道は、戸別毎の家庭訪問を通して進められているが、彼らがクリスチャンに対して持ち出す切り口上がある。それは、三位一体の教理などは聖書に書かれていないのだから、キリスト教は間違ったことを教えているという批判である。確かにものみの塔と正統的なキリスト教の大きな相違の一つは、三位一体を認めるか否かにあり、主なる神が三つの人格において、自己を啓示され働かれることを認めるか否かにあるのである。実は、確かに彼らの言うとおり、〝三位一体〟という言葉は聖書に書かれていない。がしかし、その内実たるや聖書に明確に表記されているのである。

三位一体について更に詳述《しょうじゅつ》すると〝三位〟の〝位〟とは位格を意味し、人格を表わしている。ラテン語では〝ペルソナ〟といい、ペルソナから〝パーソン〟、〝パーソナリティ〟、いわゆる人格という英語の言葉が生まれた。つまり三位一体とは三つ、すなわち、父、子、聖霊は三つの人格でありつつしかも一つであるということなのだが、ものみの塔はこの内の聖霊の人格を認めない。聖霊は単なる神の影響力とかエネルギーであると主張する。けれどもギリシャ語の原文は、聖霊には必ず人称代名詞を用いている。聖霊は人格だからである。口語訳聖書には十分に訳しきれず、聖霊を「それ」と訳しているが、新改訳は「その方」と訳しており、この方がベターである。更にリビング・バイブルは「聖霊様」と訳している。聖霊が人格だからである。そして、私たちが恵まれた信仰生活をおくるためのキーポイントは、実に聖霊を偉大な人格者つまり聖霊様として、いかに崇《あが》め重んじていくかにかかっているのである。

ところが残念なことに、ものみの塔ばかりでなく、正統的といわれる教会においても、三位一体を認めながらも、聖霊を心から人格として崇め重んじているかといえば、はなはだ疑問である。父なる神様、イエス・キリスト様と呼びかけてはいるが、聖霊については「聖霊様」と呼びかけることはなく、まだ多くの教会が、現実的には人格として扱っていない状況にある。しかし、繰り返し述べるが、私たちの信仰生活が恵まれるか否か、祝福されるか否か、その秘訣は聖霊様を人格として、崇め重んじていくことにあるのである。

本日六月十一日は、聖霊降臨祭であると同時に〝父の日〟でもある。このファーザーズ・デーは母の日と異なり、日本ではほとんど取り上げられることなく存在感に乏しい。ところが今年、私は初めて父の日カードを受け取った。差出人は娘の婚約者アンドリューである。彼は英語でこんな言葉をしたためていた。

〝You are the quality of man that I see in you.〟

テレビのコマーシャル等でもクオリティ・オブ・ライフという言葉をよく聞く。質の高い人生とか、質の高い生活を意味するが、彼は私に「お父さん、あなたの中に私は質の高い人物を見ています」と書いてきたのである。ところで、「第一生命」という会社がサラリーマン川柳を全国的に募集して話題になっているが、その中で最優秀として選ばれた川柳に、〝我が家では　子供ポケモン　パパノケモン〟という句がある。哀しいかな、今日の日本の家庭の有様、殊に父親の寂しい立場があからさまに歌われていると言ってよい。この日本の父親事情の中で、私は父の日に娘婿アンドリューからこのような嬉しい言葉を贈られた幸せな父親なのである。

私は、このザ・クオリティ・オブ・マンをもじって、聖霊様こそ、〝ザ・クオリティ・オブ・

パーソナリティ〟と言いたい。ペンテコステを迎えたこの日、私たちは質の高い人格者であられる聖霊様について、この方がいかなるご性質を持たれているかを詳細に何回かに分けて学びたいと思う。そのことが比喩《ひゆ》的、象徴的に述べられているのが、使徒行伝二章一節から四節である。その第一は二節の〝風〟、第二は三節の〝舌〟、第三は〝炎〟として聖霊様のご性質がたとえられている。今回は先ず、聖霊様が風の如きものとして描かれている意味を明らかにしたい。

聖霊は風のようだとは、一体どういうことだろうか。この表現はペンテコステの記事だけでなく、ヨハネによる福音書三章八節の有名な御言葉、主イエスとニコデモの対話の中にも出てきている。曰く、「風は思いのままに吹く。あなたはその音を聞くが、それがどこからきて、どこへ行くのかは知らない。霊から生れる者もみな、それと同じである」。

聖霊が風のようだという第一の特徴は、目で見ることができないということである。私たちは風を見ることはできない。しかし、風が吹いているのを知っている。枝がそよぎ、煙がたなびくのを見て、すなわち、風が吹いた結果を見て、風があると推察する。これを少し難しい言葉でいえば、風は実存的性格を有し、体験しないとわからないということである。いくら考えても分析しても、体験しない人には理解できない性格のものである。それ故、風の如き聖霊様を知るためには、私たちは体験を求める必要がある。そこで私たちの教会では、聖霊様をすべての信徒が体験するために、修養会や様々の機会を設けて、聖霊体験に導かれるように図っている。聖霊は見ることができないので、自身で体験する他なく、体験しない人にはわからないからである。このためなのであろうか、「聖霊の神学」は、今日に至ってもなお非常に貧困であり、また学問として追求するには困難な神学だといわれている。なぜなら、神学者たちがいくら机上《きじょう》で長時間を費やして考えてみても、体験に裏打ちされなくては、それを解き明かすことは至難《しなん》だからである。

私は神学生時代に、パウル・ティリッヒの組織神学第三巻「聖霊論」を夢中で学んだ。そこでわかったことは、神学者パウル・ティリッヒは非常に学問的であると同時に、非常に霊的な人物だったということである。それ故、彼は見事に聖霊論を第三巻において展開しているのだが、あにはからんや、研究している私自身には聖霊の体験がなかったので、それが何をいっているのか、何を意味するのかわからないままの箇所が随分とあった。ところが、この極めて難解且つ難渋《なんじゅう》した学びは、私が聖霊体験するや否や、たちまちのうちに、「あ、そうだったのか」と俄然《がぜん》息づいてきたのである。かくしてティリッヒの神学を基礎にした私の初著、『キリスト教の第三の波―カリスマ運動とは何か―』が生まれた。その時にはよくは解らなかったものが、後に体験に導かれることによって、学問が体験と結びつき、私は深く納得し理解し得たのである。私にとっては聖霊というものを先ず頭で学び、後に体で修得したのである。

風としての聖霊様の次なるご性質の特徴は自由ということである。風は自由に吹き、人はそれをコントロールすることも、条件づけることもできない。すなわち、このことは聖霊の主導性を意味している。換言《かんげん》するなら、人間にコントロールされることなく、聖霊ご自身が主導権、イニシアチブをもって、されたいようにされるということである。

一九七五年夏の修養会で、私たちの教会は聖霊降臨を体験し、これを機に教会の歴史は一大転換をなした。しかし、当時の高砂教会は人間の肉なる目で見るなら、聖霊が降《くだ》るような立派な教会ではなく、というよりもむしろ降るはずもないほどの悲惨な状況にあり、祈りも本当に乏しい教会であった。にも拘わらず聖霊が降ったのである。それは聖霊様の主導権の故という他はないと断言できる。私たちの側に全く何らの根拠もない。

私は最近、地方の教会興しのための伝道旅行で、ある地方に赴《おもむ》いた際に、その地域の牧師会で私たちの教会に起こった聖霊降臨について語ったことがあった。すると講演の後一人の牧師が、「なぜ、高砂教会に聖霊が降《くだ》って自分の教会には降《くだ》らないのでしょうか、その理由を教えて欲しいと思います。くだらない質問だとは思いますが」と問うてきた。そこで私は、このように答えた。「それは私にも解りません。私たちの教会は全くくだらない教会だったのに、聖霊が一方的に降《くだ》られたのです」と。本当に、私にはその理由は解らない。それはあくまで聖霊の主導性によるとしか言うことができないからである。

私はこの聖霊降臨の経験を通して重大な真理を発見した。惨《みじ》めな、何の取り柄もないようなかつての私たちの教会に聖霊が降ったということは、即ち、私たちの側の努力や修行によって聖霊は働かれるのではなく、それはただただ恩寵によるのだということである。正に信仰によってのみ聖霊を受けることができるのである。そして、このことは私にとってだけでなく、日本の教会にとっても大発見ではなかろうか。なぜならこれまで日本の教会では、聖霊を受けるためには聖くならなくてはならない、立派にならなくてはならない、信仰を積み重ねなくてはならない、などの主張が強くなされていたからである。私はそれを〝聖霊の律法主義的曲解〟と名付けたい。今日の多くの教会では、知らず知らずこの律法主義的曲解に陥り、本来の自由な聖霊様の働きを封じ込めているのではないだろうか。聖霊は自ら、その主導権をもって行きたい所に自由に行かれる。そのような恩寵主義的性格のお方なのである。

マルチン・ルターは宗教改革運動の旗印として「信仰によってのみ救われる」と叫んだ。私はこのことをもじって、今日のカリスマ運動について次のように叫びたい。「私たちは信仰によってのみ聖霊を受ける」と。このことを強調すると、果たせるかな、行く先々で多くの人が聖霊のバプテスマに与っていくのである。それは、彼らがこれまでの聖霊の律法主義的曲解から解き放たれて、自分も聖霊を受けることができるという信仰が起こり、その信仰の如くになっていくからである。

次に言い得るのは、聖霊様はご自身が自由であると同時に、私たちにも自由をもたらされるということである。聖霊様は私たちに律法と罪からの自由、解放をもたらされる。神学者カール・バルトは「もし、我々が聖霊の秘義を別の言葉で表現しようと思うならば、我々は自由という概念を選ぶ」と言っている。更にバルトは言う。「聖霊を受けるということ、それを所有するということ、聖霊の中に生きるということ、それは自由にされていること、自由のなかに生きるということを許されているということである」（「教義学要綱」）と。そして、これは真実である。

使徒行伝二章の最初の聖霊降臨の後、初代教会は彼らの所有物を共有にし、共産社会を形成した。この理想的な共産社会は、全く自由意志のもとに誕生した。彼らは圧倒的な聖霊の注ぎを受け、律法と罪から解放され、自己の所有物を手放した。聖霊の充満による愛の故に、自我や欲望は克服され、自己の所有を主張しなくなった。それは、今日における共産社会、社会主義社会とは根本的に異なる。上からの強力なコントロールも、権力の押しつけもなく、この理想的共産社会は自然的自由のなかで誕生したからである。そして、この自由こそ聖霊様の働いておられる特徴である。逆に言うならば、聖霊を崇めると言いながら、もし、そこに自由がなく圧迫感があるならば、それは、本当の意味で聖霊が働いているのかどうか、疑問だということである。

ある時、高砂教会を訪ねて来られた一人の牧師が、次のような感想をもらされたことがある。「高砂教会の玄関に入った途端、大きな解放感が漲《みなぎ》っているのを感じました。そして次に礼拝に出席したら、そこでは厳粛《げんしゅく》な秩序におおわれていました。高砂教会に働く自由と秩序、この相対立していると思われる二つの要素が、実に見事に調和していると感心しました」と。これは偏《ひとえ》に聖霊の働きである。聖霊は何の矛盾もなく自由と秩序を融合《ゆうごう》させていくのである。創価学会から転向してきた教会員が「学会の集会は熱気があったが、同時にドロドロした圧迫感をいつも感じていた。ところが教会の礼拝に出席すると厳かな中にも爽《さわ》やかな解放感があった。これが本物ではないかと思った」と証されたことがある。聖霊は自由のうちに働き、自由をもたらすのである。

風の如き聖霊様の第三の特徴は、命があるということである。普通〝霊〟を意味する「プニューマ」というギリシャ語は、同時に〝息〟とも訳せる言葉である。同様にヘブル語の〝霊〟を意味する「ルアハ」も風あるいは息の意味をもつ。私たちは息を吸い息を吐く。呼吸は命である。すなわち、聖霊は真の命を私たちにもたらすことを示している。その意味でクオリティ・オブ・ライフをもたらすとも言える。聖霊の働くところ、聖霊に満たされるところ、質の高い人生や生活が生まれてくる。創世記二章七節の後半に、「主なる神は土のちりで人を造り、命の息をその鼻に吹きいれられた。そこで人は生きた者となった」とある。〝神のかたち〟としての人間というのは、生物学的意味ではなく、霊的意味即ち〝クオリティ・オブ・ライフ〟質の高い命を持った人のことである。その最高の体現者こそナザレのイエスであり、この方こそその霊的命を完全に完《まっと》うされたのである。そして、私たちもまた、聖霊によって、ナザレのイエスのように質の高い人生、生き方をすることが可能とされている。

キリスト教とは「聖霊による可能性の宗教」だと、私は主張してやまない。そして「聖霊による可能性の宗教」とは、即ち真の〝クオリティ・オブ・ライフ〟であるといえる。まことの質の高い人生、生き方を保証するのが聖霊である。そして主なる神は、私たちが活き活きと質の高い人生を生涯送ることを願われ、聖霊を注いで守り導いくださっているのである。この聖霊様にお委ねしていこうではないか。聖霊様を私たちの大切なお方として、更に崇めようではないか。そして共々に聖霊様に満たされて、質の高い生涯を、まことの命の道を完うしようではないか。

17　聖霊さまのご性質（2）——それは炎の如く

五旬節の日がきて、みんなの者が一緒に集まっていると、突然、激しい風が吹いてきたような音が天から起ってきて、一同がすわっていた家いっぱいに響きわたった。また、舌のようなものが、炎のように分れて現れ、ひとりびとりの上にとどまった。すると、一同は聖霊に満たされ、御霊が語らせるままに、いろいろの他国の言葉で語り出した。

（使徒行伝二章一節〜四節）

オランダの優れた牧師であり指導者であったアンドリュー・マーレーは、その名著『キリストの御霊』にこう記している。「聖霊の注ぎはキリストの御業の絶頂です。ベツレヘムにおける生誕の営むべき奥義、カルバリにおいて成し遂げられた大いなる贖い、よみがえりによる永生の力において神の御子としてのキリストの啓示、つまり彼が昇天により栄光の中に入れられたこと、これらはみな予備的な段階にすぎません。それらのゴール、それらの冠は聖霊の降臨です。ペンテコステは最後に来ますが、それはキリスト教の礼典の中で最も大きなものです。その中に他の礼典の実現があり、完成があるからです」と。

「ペンテコステは、キリスト教の最高の祝祭日であって、クリスマスもイースターも、実はペンテコステのために、ペンテコステに向かい備えられたのだ」と、マーレーは言う。しかし、今日の教会の状況はむしろその反対であり、このことが教会の致命的な問題となっている。私たちは、聖霊の力を失ったキリスト教が、再び聖書に立ち戻って聖霊の力を回復することを願っている。

現在進めている日本キリスト教団聖霊刷新協議会は、まさにこの主旨のもとに建て上げられた。そして、私たちの教会も、主の恵みにより、聖霊運動にいち早く目覚め、聖霊による刷新と復興に仕える教会としての使命、自らのアイデンティティを確認してきた。それ故、聖霊の命と力の回復を目指し、熱心に祈り求め、諸教会に対しても力強く証していきたいと願い、その取り組みを進めている。

しかし、ある人々は言う。「あなた方は、聖霊、聖霊というが、私たちも使徒信条で、我は聖霊を信ずと告白し、聖霊についても、自分たちなりに理解しているつもりだ。一体どこが違うというのか」。私はそれに対し「確かにあなたは教理、知識としては聖霊を理解しておられる。しかし、聖霊を生きた人格として認め、体験しておられるだろうか」と問い返す。

では、聖霊とはいかなるお方だろうか。どういうご性質をお持ちなのだろうか。聖霊様のご性質について、使徒行伝二章一節から四節を学び、「その（1）風の如きお方」として前回みてきた。

今回は炎の如きお方としての聖霊様を考察してみたいと思う。

炎の如き聖霊様の第一の特徴として、私たちを照らし出されるお方であるということが挙げられる。夜になると灯りをもって暗闇を照らし出す。同じように聖霊様が炎の如きお方と言う時、それは私たちの内側を照らし出し隠れた罪を露《あら》わにされるということである。聖霊様は私たちの暗闇、つまり自分自身でも気づかない隠れた罪を露わにされるということである。罪の本質とは、それが罪だと自覚しないところにある。罪の本領は、本人がそれを悪いことだと気づかず、むしろ自分は正しいと自負している、まさにそこに罪の本質があるのである。

使徒行伝二章一三節において、聖霊降臨を体験し口々に異言を語っていた弟子たちに対し、「彼らは朝から酒に酔っている」と言った一群の人々があった。そこでペテロは立ち上がり、「そうではなく、私たちは聖霊を受けたのだ。主イエスが十字架で死なれたのは、私たちの罪のためだった」と説教した。その時、聖霊の臨在がそのところ一帯を覆《おお》い、そこにいた三千人ほどの人々は、悔い改めて回心した。それはペテロの説教によるというより、その場にいた人々の上に聖霊が濃厚《のうこう》に働かれた故の回心である。彼らは今まで気づかなかった自らの罪を自覚して、悔い改めて回心した。二章三七節でペテロの説教を聞いた人々は、「兄弟たちよ、わたしたちは、どうしたらよいのでしょうか」と問うている。それまで彼らは、自分たちがそんなに大きな罪を犯したとは思ってもみなかった。ナザレのイエスは神を汚す者、異端の教えを奉じ、人心を惑わしていると、まるで今日でいうオウム真理教に対する人々の思いに似て、十字架にかけられて当然だと彼らは思っていた。それ故、自分たちが罪を犯したとは思わず、むしろ義憤《ぎふん》にかられ、正しいことをしたのだと信じてやまなかった。しかし、そこに聖霊が濃厚に働かれ、人々の心を照らし出された時、彼らは、自分たちは何と大きな罪を犯したのかを自覚した。神の独り子なる方を自分たちの手で殺してしまったと。自らの罪を自覚した時、深い悔い改めに至ったのである。聖霊の働き、それは今まで自分が気づかず、それを罪だとは思わなかったことでも、聖霊様の炎によって照らし出された時に、はっきりそれが罪だと自覚させられることにある。

韓国のある著名な牧師が、日本にリバイバルが起こらない理由の第一は、人間に過ぎない日本の王を天皇、すなわち、〝天の王様〟として崇めているからであると語ったという。天皇とは、天からの皇帝という意味であり、皇帝という呼称《こしょう》はもともと、中国の王にしか使わなかった。ゆえに、朝鮮半島では、中国をはばかって、自国の王を皇帝とは言わず、単に朝鮮王と呼んだ。ところが日本は中国文化の大きな影響を受けてはきたが、古代より、日本固有のアイデンティティを持っており、日本は、中国から自主独立したいという気概《きがい》の故に、自らの国の王を皇帝と呼び、その上に、〝天からの〟を冠し、天皇と呼んだのである。天からとは遠くからという意味をもつ。「天孫降臨」という神話が古来から日本にあるが、その中でも記されている如く日本人は遠くからやって来たという意味である。ここで私の推論を述べると、遠くからとは、すなわち古代日本に来たのはユダヤ人であり、ユダヤの国から来たという含蓄《がんちく》ではなかっただろうか。そう考えるならば〝天皇〟とは〝天の王さま〟という意味ではないということが分かるであろう。

第二の理由は、日本人の偶像崇拝の故だと語る。しかし、偶像崇拝が悪であり、罪だと分かるのは、その人の内に聖霊の光が射し込んできた時である。むしろ一般の日本人は、神仏に手を合わせるのは良いことだと思っている。それが罪だと分かるのは、聖霊が臨み働かれる時、初めてそれが罪であったと自覚するのである。したがって偶像崇拝の故にリバイバルが妨げられているという解釈は的を射ていないように思われる。

アッシジの聖フランシスは「私は罪人の頭《かしら》だ」と言った。彼の弟子たちは、「あなたのような聖人はいません。もしあなたが罪人の頭なら、私たちはどうなりますか」と諫《いさ》めたという。しかし、フランシスは自らを「罪人の頭」と言い続けた。このことは、彼がいかに聖霊の鮮やかな臨在の中で生きていたかを表わしている。あまりにも聖霊の深い満たしのなかにいた彼は、内面のほんのわずかなシミや傷をも、はっきりとまじまじと見ることができた。フランシスは決して謙遜ぶって「罪人の頭だ」と言ったのではない。聖霊に満たされていたが故に、そう告白せざるを得なかったのである。このように聖霊は隠れていた罪、本人の気づかなかった罪を照らし出し露《あら》わにして、罪の自覚を通して、悔い改めや回心へと導く。

炎の如き聖霊の二番目の特徴は、私たちの内側の不純物が取り除かれるということである。炎には物体を精錬《せいれん》する働きがある。したがって私たちの内側の不純物、神の御霊に反抗する外なる人、すなわち自我を精錬していかれるのである。聖霊はさまざまな試練、困難を通して、私たちの自我を砕かれる。それを「聖霊の取り扱いを受ける」という言葉で表現する。ではなぜ、聖霊は自我を砕かれる必要があるのだろうか。それは、私たちの外なる人である自我が、内側におられる神の御霊を閉じこめて、私たちを神のみ思いに従わせないからである。自我が砕かれて、内なる霊が解放されてこそ、神のみ思い、御旨を聴くことができるようになる。内なる霊が活発に働き出すに従い、私たちは神の計画と働きをキャッチして、それに従う者とされるということを知らなくてはならない。

また、自我が砕かれることによって、柔和な人格を身につけさせられるようになる。ウォッチマン・ニーは神の人の共通した特徴は、〝柔和〟であると言った。ここでサラリーマン川柳から一句いただこう。「さからわず　いつも笑顔で　従わず」。思わず笑ってしまう句であるが、人間の本質を言い当てているのかも知れない。本当の意味における柔和とは従う心、主に従う心である。主に従って試練や困難を静かに耐えていく心である。聖霊は私たちをして、どんな状況におかれても、いつも主に応答する存在となるようにと、炎の如く働いて、精錬していかれる。

特に牧師に対する取り扱いは厳しい。これを「聖霊の学校に入学させられた」とよくいう。私も七年間学ばされた。その間、そこに閉じ込められ、訓練を受け、繰り返し試練や苦難を通らされて、私はいく度も「主よ、いつまでですか。いつまでこの苦難、試練が続くのですか、勘弁《かんべん》して下さい」と泣き叫ぶように祈ったものだった。しかし、それでも主の取り扱いは続き、全く降参して全面的に主に明け渡すまで、その訓練は続いた。

私たちは、苦しいこと、自分に不利なことは直に責任転嫁をしようとする。こんなことになったのは、私のせいではなく、他人のせいだと自己弁護し、そこから逃避《とうひ》したいと考える。事実、聖霊の学校を中途退学してしまう人も多い。しかし、聖霊の学校は卒業しなければ意味がない。それ故、卒業証書を戴くまでは神は何度でもその人を取り扱われ、より厳しい訓練を継続されるのである。私たちは神の前で、責任転嫁は許されない。逃避は許されない。このように聖霊は私たちの問題の一つ一つを取り扱われ、砕かれていく。

私は神学校では六年間学んだが、聖霊の学校では七年間学ばせてもらった。その結果、その後教会は大きく成長へと向かったのである。それ故、聖霊セミナーなどにおいて、牧師たちに「教会を復興させ、成長させたいなら、聖霊の学校の全課程を終了して下さい」といつも話す。本気で教会の復興と成長を願うなら、途中で投げ出さず「聖霊の学校」の全課程を修めなくてはならない。その時、私たちは、神に用いられる器へと変えられていく。

過日発行せられた「高砂教会百年史」に対して、伊都キリスト教会の友納徳治牧師が、「本の広場」という神学書を紹介する冊子に、「敗北を抱きしめ、分裂を抱きしめた百年史」と題して見事な書評を寄せて下さった。〝敗北を抱きしめる〟という表現は、ピューリッツァー賞を受けたアメリカのジョン・ダワーの著書「敗北を抱きしめて」からきている。ダワーは敗戦直後の日本の状況を、まさに敗北を抱きしめたとして受け止めた。日本人は大東亜戦争の敗北を、破壊として、単に憎悪と卑屈に終らせず、そこから見事に立ち上がり再出発をした。そして自由と平和を求め、新しい国家の建設へと立ち上がっていった。その勇壮《ゆうそう》たる姿に多くのアメリカ人は目を見張った。ダワーは、敗北を抱きしめた日本人が、その敗北を希望へと転換したことに深い感動をもってこの書を書いたのである。私自身はこの書物の細部に対しては、多く疑問を覚えるものであるが、しかし、ダワーの肯定的意図については前向きに受け止めたい。

友納牧師はこの書物を引用しながら、高砂教会の百年史、それは分裂を抱きしめた百年史だと評されている。これをもっと奥深いところから掘り下げさせて頂くならば、カリスマ運動の是非を巡っての七年間の紛争と、その結果起こった二度にわたる分裂を高砂教会は希望へと転換することに成功したと言ってよかろう。ではなぜ、高砂教会は分裂を抱きしめることができたのか。この背後には、教会全体としての聖霊の取り扱いに対する理解があったからである。父なる神は、苦難、困難、試練を通して、私たちを砕き、その後、神のご用に役立ち得る者として整えて下さるという、聖霊の取り扱いに対する理解と信頼があったからである。

炎の如き聖霊の三番目の特徴を見てみよう。炎は私たちを温め、熱くする。すなわち冷たい心や感情を、炎の如き聖霊は温かい思い、感情に変えてくださる。ある時一人の婦人が、「牧師先生も年をとられましたね」と語りかけてきた。聞いてみると、私が説教中に、時々感極《かんきわ》まって泣くことがあるからだと言う。私は武士の家柄を重んじる非常に厳しい家庭に育ち、人前で泣くなどとんでもないことだった。男は泣いてはいけないと常々言われ、泣こうものなら平手打ちが飛んできた。それゆえ、私も内心、男は泣くものではないとの思いが強かった。ところが、私に洗礼を授けて下さった甲東教会の芹野俊郎牧師は、温かく、豊かな感情の持ち主で、説教中もよく泣かれた。その頃の私はこれを不可思議な思いで見ていた記憶がある。しかし、聖霊の恵みを体験して以来、私は変わってきたのである。私の感情が聖霊によって温められたからだろう。私は感動的な話やエピソードを語る時に、自然に涙がこみあげてきて泣くようになった。このように、聖霊は私たちの冷たい心を溶かし、温めて下さるお方であり、さらに冷めた信仰を熱く燃やす役割をもして下さるお方である。

一九七八年、大阪で「聖霊セミナー関西協力会」主催の、カリスマ的集会が開かれたことがある。講師は、ミスター・ペンテコステの異名をもつデービッド・デュプレシス師であった。デュプレシス師はペンテコステ派の代表的人物で、彼の努力によって、これまでペンテコステ派につきまとっていた偏見が取り除かれ、ペンテコステの恵みが広く伝統的諸教会にも浸透していったとも言われるほどの大きな功績を果たした神の器である。けれども聖霊によって、教派間の壁を打ち破ったデュプレシス師も、最初は非常に頑固《がんこ》な人物だったようである。しかし、自動車事故に遭《あ》い奇跡的に助かった時、すっかり人格が変わっていた。彼は非常に柔軟な温かい人格に変えられていったのである。その後、所謂《いわゆる》伝統的教派の牧師たちの集会にも招かれるようになり、ペンテコステの信仰を語り、その証をした。その時、伝統的教派の牧師から鋭い質問が投げかけられた。「あなたの話しを聞いていると、私たちの信仰が間違っているという風にしか聞こえない。ペンテコステ派には真理があっても、我々にはないというのか」。デュプレシス師は「聖霊様、どう説明したらいいですか」と祈ると、一つの思い、幻が浮かんできた。そこで彼はこう語った。「ここに冷凍されたままのステーキがあります。しかし、このまま食べてもおいしくないでしょう。火に焼いて温かくして食べる時に本当のおいしさが味わえるのではないでしょうか。ステーキを食べるという点でも栄養の点でも変わりありません。そこで私たちとあなた方の違いは、同じステーキを食べるにしても冷たいステーキを食べるか、温かいステーキを食べるかという違いです。同じ真理でも、皆さんの真理は冷たく、私たちの真理は火の上にあるのです」と。こう話したところ、人々は納得したという。聖霊を重んじるキリスト教、それは火に温められたキリスト教である。カリスマ的キリスト教、それは火によって焙《い》られ、熱くされたキリスト教である。聖霊の信仰、それは火で燃やされた信仰である。

私たち人間は、静かに生きたいとの思いもあるが、しかし、深いところで、何かに燃えたいと願っているものである。情熱を傾けて何かをしたい、人生を燃焼させたいと願っている。私たちは静かで穏やかな聖霊を待ち望むと同時に、聖霊によって激しく燃やされた信仰生活を願っているのではないだろうか。炎の如き聖霊によって温められ燃やされて、熱い信仰を培《つちか》っていこう。カリスマ的信仰は温められ燃やされた信仰である。この信仰をもって、今日危機的状況にある日本の教会に聖霊の火を燃やし、松明《たいまつ》の火を点じる者の群れとなっていきたい。

18　聖霊さまのご性質（3）――それは舌の如く

五旬節の日がきて、みんなの者が一緒に集まっていると、突然、激しい風が吹いてきたような音が天から起ってきて、一同がすわっていた家いっぱいに響きわたった。また、舌のようなものが、炎のように分れて現れ、ひとりびとりの上にとどまった。すると、一同は聖霊に満たされ、御霊が語らせるままに、いろいろの他国の言葉で語り出した。

（使徒行伝二章一節～四節）

ペンテコステを迎える待望特別祈祷会において、日本民族総福音化運動協議会の副総裁就任式が行われた。申賢均牧師が韓国民族総福音化運動の総裁として、この運動を進めておられ、日本にその支部が誕生し、私が副総裁として任命を受けたわけである。

常々私は、日本民族がキリスト教によって救われなければ、この国は衰退の一途《いっと》を辿《たど》ると語ってきた。私は日本の将来について大きな危機意識を持っており、今こそ、日本のクリスチャンはこのために祈り、立ち上がらなくてはならないと勧めてきた。そして、この任命式が、ペンテコステ待望の祈祷会のなかで行われたのは、極めて意義深いことであった。なぜなら五旬節（ペンテコステ）における聖霊の降臨によって、福音はユダヤ民族の枠を破って、全世界へと流されていったからである。この聖霊こそが伝道の力であるからである。主イエスは「ただ、聖霊があなたがたにくだる時、あなたがたは力を受けて、エルサレム、ユダヤとサマリヤの全土、さらに地のはてまで、わたしの証人となるであろう」（使徒一・八）と語られた。聖霊が降る時に、伝道の力は与えられる。反対に聖霊が無ければ、聖霊が働かなければ、伝道は進まない。

今日、私たちの属する日本キリスト教団の教会の教勢が低迷状態にあるのは、聖霊の力が失われていることによる。この聖霊の力の回復こそが日本の教会の緊急課題なのである。「日本キリスト教団聖霊刷新協議会」が結成されたのも正に、教団の霊的刷新と復興のためである。そしてこの度、日本民族総福音化運動協議会が発足した。聖霊によって教会が変えられ、そして日本民族に対する伝道が進む。カリスマ運動と日本民族総福音化運動の二つの運動は、いわば車の両輪である。私たちの教会に託されたこの二つの大切な使命をしっかりと担っていくことができるよう、祈り支えて頂きたいと切に思う。

聖霊降臨祭の特別礼拝においては、一昨年来、聖霊様のご性質について語ってきた。聖霊は、使徒行伝二章一節から四節で三つの比喩によって語られ、その第一は風であり、第二は炎、そして今回の舌である。舌の如きお方としての聖霊様とはいかなるものか、明らかにしていきたい。

舌は人間の言葉を司《つかさど》る。舌がなくては、音声を出しても言葉を語ることはできない。例えば十分語れない時、「舌たらず」と表現する。舌が言葉を司ることの第一の意味は、言葉は人間のコミュニケーションにとって、最も重要な機能だということである。舌に象徴される聖霊は人間同士のコミュニケート、交わりをもたらす方であり、聖霊とは交わりの霊であるともいえる。

キリスト教は、「交わりの宗教」であると、私はいく度も語ってきたが、私はこの言葉の意味を、年を追うごとに深く味あわされている。考えてみると、人間の幸、不幸の根源的な問題も、この交わりに関連して起こることに気づく。それは人間の最も奥深い問いであろう。親子関係、夫婦関係、友人関係その他さまざまな交わりや関係のなかで、私たちは喜び、あるいは悲しみ傷つく。誰もが交わりという問題をめぐって生きており、いかに真実の交わりを形成していくかに悩みつつ、その交わりを希求する。それがどんなに大切な意味をもっているかを知っているからである。

たとえば、過ぎ去った二十世紀を評し、ある人は言う。それは「社会主義の時代」であり、人類は理想社会、社会主義社会を目指し、懸命に歩んだ。しかし、見事に挫折した。そして、理想社会というものは、人間の力では実現不可能だとわかった。それが二十世紀なのだと。

なぜ、人類は理想社会を目指すのか。それは良き交わり、真実の人間関係が根源的な求めだからである。マルクスは、人間の交わりを阻害する根本的理由は生産関係にあると分析した。そこで彼は、資本主義を脱し社会主義社会を形成していくことこそが、本当の意味で人間の交わりが可能となり、理想社会を実現していくことであると考えた。彼は人類の理想社会を人間自らの力で形成し得ると考え、そのために革命を提起した。しかしそれは、全くの誤算となったわけである。真の交わりの可能な社会の形成を熱望した社会主義の試みは敢えなく失敗に終わったのである。そうではなく、本当の意味での理想社会の実現は、聖霊によってのみ可能であることを、ペンテコステの後にエルサレムに誕生した初代教会は教えてくれている。

次に言い得ることは、男女の愛と性の謳歌《おうか》とその挫折である。少し前、渡辺淳一が著《あらわ》した「失楽園」という小説が話題になった。この小説の結末は極めて暗示的である。愛し合う男女が自殺して終わる。つまり、人間の肉的愛というものの虚妄《きょもう》と挫折である。男女の愛は永遠のテーマとして時代を超えて取りあげられてきた。私は思う。これを本当の意味で豊かに実らせ花を咲かせるためには、どうしても聖霊の力が必要なのではないかと。人間の肉の愛をいくら押し出しても、それは虚妄に終わり、空しさに終わっていく。なぜなら、人間の愛はお互いのエゴイズムによって彩られているからである。聖霊の愛が浸透することによって、人間の肉的な愛が引きあげられ潔められていく。これが聖霊の愛に対する働きである。聖霊によって交わりは真実なものとなり、そこに男女の美しい交わりも生まれる。まさに聖霊がその答えだということがわかる。

また、言葉は単に人間のコミュニケート、伝達手段だけでなく、不思議な創造力をもっている。私たちは何気なく言葉を語るが、それはちょうど、蚕《かいこ》が出す繭《まゆ》の糸のようである。私たちが言葉を語るその糸が、私たちを形成し、くるんでいくのである（造り上げていくのである）。

言葉のもつ創造力について「積極的考え方の力」という書物を著したノーマン・ピールは、「人間の内には偉大なる力があり、それは途方もなく大きい力だ。その力を発揮することが、人生の成功にとって欠くことができない。私たちの人生を成功させ、この人生において大きい事をしようとするならば、私たちの内側にあるその偉大な力に気づき、それを引き出さなくてはいけない。そのためには、あなたの語る言葉をチェックしなさい。あなたの語る言葉が後ろ向きな、破壊的な、否定的な言葉であるならば、それはいくら努力してもあなた自身を成功者に至らせない。だから先ず、あなたの語る言葉をチェックしなさい。前向きな言葉を語るようにしなさい。成功的な言葉を語るようにしなさい。明るい、創造的な言葉を語るようにしなさい」と、勧《すす》めている。

西欧にこういう諺《ことわざ》があるそうだ。「生き生きとした言葉を刈り取れ。そうすれば、血が流れ出るだろう」また、「あなたの唇があなたの運命をつくる」という言葉もある。私たちは何気なく言葉を発する。しかし、その言葉がいつの間にか、私たちを造っていく。それ故に語る言葉に気をつけなければならない。

聖書の冒頭に、天地宇宙の創造物語が描かれている。主なる神はどのようにして、何をもって世界を創られただろうか。それは言葉である。「光あれ」と神が言われた。すると光があった。言葉のもつ驚くべき力を示している。聖書が創造物語において言葉による創造を描いているのは、大変意味深いことである。世界には他の創造神話もあるが、それらの神話と比べてみても異例である。おそらく聖書だけが、言葉によって神が世界を創ったことを描いている。これは言葉がそれほど大きなクリエイティブパワー、創造力を持つことを意味している。私たちが権威をもち、信念をもって語る時、その言葉は事態を創り変えていく。聖霊に満たされた権威ある言葉は、人々を病から悪魔から解放する。言葉には創造力があるからである。聖霊は人間の言葉に権威と力を与えて、その創造力を惹起《じゃっき》する。

二番目に、舌は味を司る。舌がなければ、私たちは食物の味を知ることができない。舌によって、いい味だ、悪い味だと判別し、美味《おい》しい、美味しくないとその味を知ることができる。すなわち、このことが意味しているのは、聖霊は人間の本来持っている味を引き出す働きをするということである。あるいは個性といってもいい。聖霊に与かることによって、私たちの本来持っている味、個性を十分発揮することができるようになるということである。それぞれの人が個性的になり、男性は男性らしく、女性は女性らしくなっていく。あなたを一層あなたらしくする。これが聖霊の働きである。

少し前、中国の瀋陽《しんよう》において、五人の北朝鮮の人々が日本領事館に亡命を求めてきたが、領事館内で中国の警察の手によって逮捕された。この事件をめぐり、今や日本と中国の間に大きな外交問題が起こっている。それにしてもテレビに映し出された日本の領事館の職員の姿は余りにもお粗末である。世界に恥をさらしたと思う。一体、日本の主権はどこにいったのだろうか。せっかく、亡命を求めてきた人に対し、どうしてあのような中国の官憲《かんけん》に媚《こ》びた処置をしてしまったのか。いろんな誤解や思い違いがあったかもしれないが、それにしても情けないと思ったのは私だけではあるまい。そこにあるのは、事勿《なか》れ主義である。実に今日の日本人のなかに深くあるのは、この事勿れ主義ではないか。

例えば、中国大使である阿南氏は「亡命を求めて来る人がいても門前払いにしなさい。中に入ってきてしまったら仕方がないが、門の所に来たら、門前払いにしなさい」と事前に訓辞していたと言う。それが、いやしくも日本を代表する大使の言うことだろうか。彼の祖父は阿南惟幾《あなみこれちか》陸軍大将としてその名を馳《は》せた人物である。大東亜戦争の終結時の八月十五日、部下たちに「これからの日本を頼む」と言い遺《のこ》して切腹した。このような気概のある祖父を持つ人にしては、何とも情けない。加えて、副領事が両手を上げて、五人が連行されるのを妨げようとしたにも拘わらず、総領事に電話をかけ指示を仰いだところ「無理するな、まあ仕方がない。連れて行ってもらえ」と言ったという。何という事勿れ主義だろうかと思う。日本人のなかに深くあるこのような事勿れ主義は一体どこから来るのであろうか。

更にこの背景にあるのが、日本の特に中国と韓国に対する〝土下座外交〟である。もう少し良い言葉で言い換えるならば、〝気配り外交〟である。日本はこの両国が騒ぐと、直にオタオタしてしまい、相手の主張に沿った解決を図ろうとする。いくら、過去において迷惑をかけたとはいえ、もう半世紀以上も経っているのである。しかも、両国に対しては、多額の賠償金を払って、詫びを入れ、決着済みである。〝土下座外交〟と言われても仕方がない。産経新聞のコラム欄は、この瀋陽の事件を取り上げ、このことは、これまでの日本の土下座外交をやめる絶好のチャンスだと書いていた。かくて事勿れ主義と土下座外交のなれの果てがこの事件であったと総括できるのかも知れない。しかし、私はこれが本来の日本人の姿では決してないと思っている。

なぜ日本は、日本人は本来の姿を失ったのか。本来の日本人はそうではなかった。なぜそう言えるかというと、例えば「天皇」という呼称についてである。古代社会においては、中国がアジアにおいて圧倒的な力を持っており、自国の王を〝皇帝〟と呼び、他国の王を皇帝と呼ぶことを許さなかった。それぞれ朝鮮王、日本王であった。しかし、ある時から日本は、自分たちの王を天皇即ち「天よりの皇帝」と呼ぶようになった。当然、中国は怒った。しかしこう呼称することによって日本は、中国の支配下に入ること敢然《かんぜん》と拒否し、日本独自のアイデンティティを確立していったのである。

　古代日本で、どうしてこのようなことができたのか。私は、そこには圧倒的なキリスト教の影響があったことに関係していると思っている。古代日本は、「景教」といわれた東まわりのキリスト教が仏教よりも先に渡来し、圧倒的にキリスト教の色合いの濃い国であった可能性が強い。聖徳太子は景教徒ではなかったかと、巷の歴史研究家でさえ言い出すようになった。それがいつの間にか、歴史の捏造《ねつぞう》によって、昔から仏教国であったかのように造り変えられてしまったという説が浮上してきている。さらに古代日本のキリスト教は、今日あるような聖霊抜きの西洋のキリスト教ではないのである。景教、即ちネストリウス派のキリスト教はカリスマ的キリスト教であった。つまり、日本の古代、それはカリスマ的キリスト教の圧倒的な影響下にあり、その信仰の故に、日本独自の個性的生き方ができたのではなかったかと、私は推察している。

　かくて聖霊は、このように人間の本来もっているその個性、その持ち味を活かしていくのである。私たち日本人はもう一度、キリスト教を受け入れ、聖霊をいただくことによって、本来の個性的主体的な生き方を回復しなくてはならない。

　三番目に、舌は噛《か》む働きを助ける。舌を用いることによって食物は上手にこなれていく。舌の助けがあってこそうまく噛まれていくわけである。つまり聖霊は、私たちが物事をなそうとする時、それをうまく運ぶように助けて下さるお方である。聖霊は助け主であり、私たちの窮状《きゅうじょう》を助けて下さる。聖霊は助けよう、助けようと身構えていて下さる。私たちの人生のなかで、様々な危急《ききゅう》に遭遇する時に、私たちは聖霊様に呼びかけ、助けを得る特権があるのである。聖霊に満たされたクリスチャンとは、聖霊様の助けを得ることができる大きな特権に与かる者であることを確認しよう。聖霊様を心から信じ崇めつつ、この方に呼び求め期待していこうではないか。

今年度から、高砂教会は勧士制度を設けた。これは韓国の教会の制度を取り入れたものであり、執事の上に位する長老的女性リーダーのことである。韓国の教会では、〝コンサニム〟(勧士様)と呼ばれて、大変尊敬されている。勧士は普通聖霊と信仰に満たされた人であり、人柄もよく、家庭もよく治めていることが必要とされる。そして、教会員の圧倒的賛同(高砂教会では総会出席者の四分の三の同意)によって選ばれていくのである。

私たちの教会に何度か来られた韓国のソウル聖民教会クロマハープ合奏団団長の徐静淑さんは、コンサニムである。彼女がある時、ソウルの有名なデパートに買い物に行った。ところが買い物をしていると、内側から御霊の声が聞こえ、「早く出なさい。この建物から早く出なさい」と強く迫ってきた。最初は無視をしていたが、ついには、胸が締め付けられるような感じになった。そこで彼女はこれは何か緊急事態を聖霊が語っているのだと悟って、急いで建物を出た。途端《とたん》にそのデパートは崩れ始めたという。この事件は日本でも大きく報道され、たくさんの死傷者が出たことを記憶されている方も多いだろう。助け主なる聖霊様は、聖霊で満たされた徐勧士をこうして助けられたのである。危機一髪のところで、彼女は大惨事から救われたのであった。

このように聖霊様はいつも私たちを助けたい、支えたいと願っておられる。私たちは、いよいよ聖霊様に依り頼む者となりたい。このお方といつも共に歩き、助けをいただき、知恵をいただいて、より豊かな成功的な人生を歩んでいきたいと願うものである。

19　聖霊さまのご性質（4）——それは水の如く

祭の終りの大事な日に、イエスは立って、叫んで言われた、「だれでもかわく者は、わたしのところにきて飲むがよい。わたしを信じる者は、聖書に書いてあるとおり、その腹から生ける水が川となって流れ出るであろう」。これは、イエスを信じる人々が受けようとしている御霊をさして言われたのである。すなわち、イエスはまだ栄光を受けておられなかったので、御霊がまだ下っていなかったのである。

（ヨハネによる福音書七章三七節〜三九節）

ペンテコステ礼拝でシリーズとして語っている、聖霊様の御性質の最終章として、ヨハネによる福音書七章三七節から三九節を通し、さらに深くその御性質を探っていきたい。

三七節の書き出しは、「祭りの終わりの大事な日」となっている。この祭りは「仮庵の祭り」といわれ、有名な「過ぎ越しの祭り」や、「七週の祭り」（つまりギリシャ語でいうペンテコステの祭り）

と並ぶイスラエルの三大大祭の一つである。この「仮庵の祭り」は、イスラエルが荒野での四十年という期間、契約の箱を安置するために、木の枝を編んで小屋を作り、その周囲に天幕を張り巡らして礼拝を捧げたことに由来する。契約の箱、そこは主なる神が臨在されるところである。それ故仮庵の祭りは、イスラエルの民の中に生きて働き給う神の臨在を覚える祭りとして祝われた。しかし、カナン定住後にはその本来の意味から離れていき、収穫祭、農業祭と結びついて、特に雨乞いの儀式として祝われるようになった。そのため、仮庵の祭りにはシロアムの泉から水を運び、祭壇に注いだといわれ、三大祭りの中でも最も賑《にぎ》やかで盛大であった。それはこの祭りの時期にも関係したのだろうが、ちょうど、ぶどう酒作りの時と重なり、ぶどう酒が盛んにふるまわれ、人々の心は喜びに溢れた。

このように、イスラエルの民が喜び解放され、ほろ酔い気分であった「仮庵の祭り」の終わりの日、主イエスは立ち上がって叫ばれた。「だれでもかわく者は、わたしのところにきて飲むがよい」と。主が言われた意味はこうである。あなた方は祭りの喜びに酔い、ぶどう酒による恍惚感に浸っているが、それはやがて空しくなる。しかし、私はあなた方に本当の喜びと恍惚感を与える者である。更に続いて主は、「私を信じる者は、聖書に書いてあるとおり、その腹から生ける水が川となって流れ出るであろう」と言われた。主イエスはここで聖霊を生ける水のようだと語られている。それでは聖霊が生ける水のようだとは、一体いかなる意味なのだろうか。

まず第一に、水は渇きを癒すものである。喉《のど》が渇くと私たちは水を求める。だから、主は言われた。「だれでもかわく者は、わたしのところにきて飲みなさい」と。ヨハネによる福音書四章に、有名なサマリヤの女の物語がある。主イエスは渇きを覚え、スカルの井戸に行かれた。そこに一人の女性が水を汲《く》みに来る。主は彼女に、水を飲ませてほしいと願われた。しかし、彼女はユダヤ人がサマリヤ人に水を請《こ》うのを不審に思い、いい答えをしなかった。彼女はいわゆる身持ちの悪い女で、次々と結婚しては離婚し、そんなことを五回も繰り返してきていた。主イエスはこの女の深い渇きをごらんになった。彼女の内なる深い渇きが、そのような状態に追いやったことを、主は見抜かれた。そこで「女よ。私が与える水を飲むならば、本当の意味で渇きを癒すことができる」と語られたのである。それは聖霊の満しのことである。人間は時として、その深い部分の渇きを癒そうとして罪を犯す弱い者であることを、主イエスは十分に知っておられた。

私は以前、「天国への駅」という映画を観たことがある。私の故郷、結城市を舞台とする、実話に基づいた映画である。結城紬を織る美しい女性が、哀しい事情の中で三人の男性を殺してしまう。彼女は多くの男性から求婚され、求められるが、はからずも次々に彼らを殺してしまうという運命に陥《おちい》る。そして、捕らえられた最後のシーンが非常に印象的だった。丹波哲郎扮《ふん》する刑事が、彼女に向かって尋問《じんもん》する。「なぜ、三人もの男性を殺したのだ」、すると吉永小百合扮する女性はこのように応じる。「どんな言い方をしてもいいですか」と。「あゝ、言ってみろ」。すると「愛が欲しかったのだと思います」と答える。自らの深い部分を癒すために、このヒロインも罪を犯したのである。

かつて毎日新聞は、様々な宗教を取り上げ、約一年に渡って連載報道したことがある。「ルポルタージュ・宗教」と題するシリーズの記事であった。それは後にまとめられ「宗教は生きている」

と題して出版されたが、その第三巻の中の「カリスマ運動」の項は、高砂教会を取材した記事である。カリスマ運動、聖霊運動がどのようなかたちで一般のマスコミによって評価されるのかと、キリスト教界はこれに注目した。なぜなら、当時、カリスマ運動は未だ市民権を得ていなかったからである。正統的と言われているキリスト教会の中に何か変な運動が始まったと、人々はいぶかしげに見ていた。もしかしたら、異端ではなかろうかとも思ったわけである。しかし毎日新聞はこれを的確に取り上げ、また適切に報道した。それ以後、カリスマ運動は市民権を得たと言われている。

このシリーズの最後を締めくくるに当たって、国際キリスト教大学教授の古屋安雄氏による、「失ったものの回復」と題した次のような論評が掲載せられた。「人間は、霊的な存在であるにも拘わらず、現代は、知的な教育、あるいは体育はあっても、霊的な教育はなされていない。そこに現代社会の問題がある。しかも、人間の霊性というものを問題にするはずのキリスト教も霊的なものを失ってしまった。その失ったものを回復しよう、その飢えた部分を満たそうとするのが、このカリスマ運動なのだ。カリスマ運動は、そういう意味で、単に一つの宗教現象という以上に、時代批判を意味している。つまり、今日の世界の在り方はこれでいいのか。今日の人間に対する対処の仕方はこれでいいのか。今の時代全体に対して、これに真向から切り込んでくるのが、このカリスマ運動である」。私はこの論評を読んで、さすが日本を代表する優れた神学者だと感心した。これほど深く、カリスマ運動について総括した人は、それまでの日本では他にいなかった。失われたものの回復、飢え渇いた部分を満たそうとする働き、それが今日のカリスマ運動なのだと、教授は的確にも評されたのである。かくて聖霊様は渇きを癒す水、水の如きお方である。

二番目に、水は清め浄化する働きがある。十九世紀初頭、アメリカにホーリネス運動という聖霊運動が起こった。この運動は聖霊による潔めを強調した、ジョン・ウェスレーが提唱する「キリスト者の完全」に立って進められた。そして昭和初期、日本でもホーリネスのリバイバルが起こり、同様に、聖霊による人格や、品性の向上を強調した。それは主イエスの山上における説教で、「あなたがたの天の父が完全であられるように、あなたがたも完全でありなさい」の御言葉の実現を目指すものである。しかし、肉なる人間の力では、完全な者となることはできない。ひとえに聖霊の御力によってのみ、可能とされることである。

ウェスレーは、その説教の中で「人間の罪が、ある瞬間に、聖霊の超自然的な働きによって根絶され得る」と断言した。聖霊が人々を全く満たしきると、たとえ瞬間的ではあっても、その時、人間の罪は根絶され得ると主張したのである。このウェスレーの言葉は、しかし、言葉としては分かるが、自らの現実としては理解しがたいことではないだろうか。果して自分自身の罪に対して、たとえ短い時であったとしても、そんな事が起こり得るのだろうか、罪が全く根絶される時があるのだろうかと、私自身も長い間考えていた。

ところが、やがて私もそのことを体験することになった。教会に聖霊が降ることを通し、聖霊セミナー等の素晴らしい霊的集会を通し、私も圧倒的に聖霊に満たされるという体験を重ねた。そして毎日、何時間も異言で祈るようになった。その頃は、旧会堂の二階が牧師館だったが、手を挙げて何時間も祈ると、天から巨大なエネルギーのようなものが、私の内に注がれるのを覚えたものである。恍惚となって異言で祈っている私の姿を見て、幼かった長男は、「お母さん、大変だ。お父さんがおかしくなった」と叫んだこともあった。更に、体があまり丈夫ではなかったにも拘わらず、その当時は不思議なことに睡眠は三、四時間で事足りて、いつも壮快であった。あまりにも自分が力に溢れているので、笑い話のようであるが、もしかしたらスーパーマンになったのかと思うほどであった。

解らなかった聖書の箇所が深く解りだし、心の内に溢れるばかりに愛と赦しが湧き上がってきた。当時はカリスマ運動に反対する人も教会内に多かったが、何を言われても批判されても気にかからなくなった。そして自分では気づかなかったが、私の内側から、何か神秘的な権威が溢れているという声を聞くようになった。妻はある時期、私の内から余りにも強い神的権威を感じて、近寄るのが恐ろしかったと言う。また性的な欲望が昇華され、主イエスが「情欲を抱いて女を見てはならない」と言われた、男性には到底不可能と思われる戒めをも、その時は、自然の内に実行していたのである。

三番目に、水は命を生み育てる働きをする。その意味で聖霊は母のようなお方である。私たちは主なる神を父と呼び、子なるキリストも勿論男性である。いわば、聖書の宗教は男性一辺倒のように見え、心理学的には非常にバランスを欠いているように思える。父がいて母がいる。それによって健全な子供が育つのではなかったか。そこでカトリック教会はマリア崇拝をもってきて、バランスを保とうとした。しかし、マリア崇拝をもってくる必要はない。聖霊様を母なる方とイメージしていいのである。なぜなら、聖霊は私たちを生み出し、育てる方だからである。そして、聖霊を母なる方とイメージすることは、単に心理的バランスがとれるというだけではない。ちょうど、子供が、父親よりも母親と親しく交わり、相談し甘えていくように、私たちは、聖霊さまに母親同様、否、それ以上に相談し甘えていく関係が許されている。それ故、私はいつも聖霊様に相談する。困った時、問題が起きた時に、私の力にかなわないそれらの一つ一つを聖霊様に詳しく相談し祈る。その時、聖霊様は答えを与えて下さるのである。

最後に、水の持っている性質は、そのまま聖霊様に適用されることを明らかにしたい。つい最近知ったことであるが、水は驚くべき性質を持っているという。それは、江本勝氏の「水は答えを知っている」という衝撃的な書物によって明らかにされた。江本氏は、波動の研究を通し水に興味を持っていた。ある時彼は、雪が結晶を作るように、水も氷らせると結晶をつくることに着目した。以来、世界各地の水の結晶を顕微鏡を通して撮影していった。

山奥に湧く泉の水は、六角形の清らかな結晶を織りなす。しかし、塩素のたくさん入った水道水は、顕微鏡で見ると結晶をなさず崩れている。これは当然のことだろう。ところが不思議なことに、その水にクラシックの名曲を聴かせると、端正な六角形の結晶を創り出す。しかしヘビーメタルのようなロック調の音楽を流すと、結晶はバラバラに崩れるという。信じ難いことであるが、実際そうなのである。さらに不思議でならないのは、水に「ありがとう」と言葉を掛けたり、あるいは「ありがとう」と書いた紙を見せると、美しい結晶を作る。反対に、例えば「バカヤロー」などと悪態《あくたい》を水に浴びせかけると、その結晶は砕け散る。水は生きている、水は答えを知っているというわけである。江本氏によると、この水に、〝愛〟〝感謝〟という言葉を見せると、最高に美しい結晶を作り上げるのであるが、その中でも〝感謝〟の方が〝愛〟に優って水はより強く反応し、その結晶は素晴らしいという。この実験の結果、江本氏は〝感謝〟の方が〝愛〟よりも二倍のパワーと影響力があると結論づけている。

水は〝感謝〟という言葉に最も美しく端正な結晶を結んで強く反応し、喜ぶ。私はこの事実を知って大きな悟りを得た。水の如き性質を持たれる聖霊様は、私たちの愛と感謝に一番鋭く反応され、特に感謝する人を喜ばれ祝福されるということである。聖霊様は、私たちが感謝する時、非常に敏感にそのことを受け入れ喜ばれる。そして、恵みと祝福を豊かに流してくださるのである。思い当たることがある。私達の教会では自営業者の集まりであるヨシュア会を定期的に開催しているが、今春、巻祝福教会のS兄を招いて話を聞いたことがあった。彼はまだ三十代半ばであるが、実業家としての才能を持ち、彼の会社はこの不況の時代にあっても業績を上げている。私はS兄のその辣腕《らつわん》振りを聞くことによって、ヨシュア会のメンバー達を何とか励ましたいと思った。高砂教会の自営業を営む彼らは、人間的には優れているのだが、この不況の中で、業績が上がらず苦しんでいる者達が多かった。そこで彼の持っている事業へのガッツというか、己と会社に対する厳しさを学んで欲しいと願った。そこに彼の成功の秘訣《ひけつ》があると見て取ったからである。ところが彼は意外な話をした。彼は営業に出る場合、いつも事前に、「主よ感謝します。聖霊様感謝します」と祈るという。そして感謝の祈りをして臨むと、営業もスムーズに運び、人間関係もうまくいくというのである。私は、「これだ、これが最大の秘訣だ」と思った。

感謝する時、そこに聖霊様が働いて、その事柄を良い方向に、良い方向にと運ばれる。私たち人間は押しなべて、感謝するよりも常に不平不満を抱くものである。それほど不平不満を抱く必要もない事柄に対して、あたかも自分が正しいかのように評論家ぶって批判する。しかしそれはかえって災いを招くことになり、悪魔につけ込む隙《すき》を与えることになる。そうではなく、「感謝します」、「感謝します」と私たちが聖霊様に祈っていく時、聖霊様は喜んで私たちを祝福へと引き上げて下さる。それ故もう不平、不満、つぶやき、批判がましいことを言うのはやめよう。その代わりにいつも感謝しよう。その時、聖霊様は最も喜ばれ、豊かな祝福をあなたの内に注がれる。私達の教会に聖霊の働きが始まった時、主が与えて下さった御言葉は「いつも喜んでいなさい。絶えず祈りなさい。すべての事について感謝しなさい」（Ⅰテサ五・一六〜一八）であった。今も週報に記されており、私達は毎週目にしている。聖霊様を崇め、重んじる私たちは、特に感謝の人となろうではないか。

20　栄光から栄光へと変えられていく

こうした望みをいだいているので、わたしたちは思いきって大胆に語り、そしてモーセが、消え去っていくものの最後をイスラエルの子らに見られまいとして、顔におおいをかけたようなことはしない。実際、彼らの思いは鈍くなっていた。今日に至るまで、彼らが古い契約を朗読する場合、その同じおおいが取り去られないままで残っている。それは、キリストにあってはじめて取り除かれるのである。今日に至るもなお、モーセの書が朗読されるたびに、おおいが彼らの心にかかっている。しかし主に向く時には、そのおおいは取り除かれる。主は霊である。そして、主の霊のあるところには、自由がある。わたしたちはみな、顔おおいなしに、主の栄光を鏡に映すように見つつ、栄光から栄光へと、主と同じ姿に変えられていく。これは霊なる主の働きによるのである。

（コリント人への第二の手紙三章一二節〜一八節）

パウロの四大書簡といわれるものは、〝ローマ人への手紙〟、〝コリント人への第一の手紙〟、〝同第二の手紙〟、〝ガラテヤ人への手紙〟である。今日取り上げている〝コリント人への第二の手紙〟は、その中でも特にパウロ自身の個性、特性を最も色濃く表現している書簡だと言われている。それは単なる彼自身の感情や心境面における個性というよりも、神学や信仰面における個性が豊かに表出されているものなのである。

この書簡の中でも、突出《とっしゅつ》してパウロならではの信仰が表わされているのは三章である。この前半部で、パウロは旧約と新約の関係についての独特の論述を展開している。新約と旧約は一体どういう関係にあるのか。このことは、私たちキリスト者にとって興味深く、かつ重要な課題である。一般的理解として、旧約は約束であり、新約はその成就であるとされる。これを神学的用語で言うならば、「救済史的理解」という。ところがこの三章では、その一般的理解とは随分趣きが違う。三章六節で、旧約とは〝文字〟であり、新約とは〝霊〟であると、パウロは論じる。〝文字〟と〝霊〟という特異な言い回しで、パウロは旧約と新約の関係を説明しているのである。

パウロの言う〝文字〟と〝霊〟とは一体どういう意味なのか。このことについて、エレミヤ書にその解釈のヒントが隠されている。少しひもといてみたい。エレミヤはその書三一章三三節で、こう語る。「すなわちわたしは、わたしの律法を彼らのうちに置き、その心にしるす」と。新しい契約とはあなた方の心の中に律法を置くことだ、と彼は言う。つまり、あなた方の外に律法があるのではなくて、その律法があなた方の内に入り込む、それが新しい契約なのだと、エレミヤは主張しているのである。

本来、律法というものは私たちの外にあり、それも箇条書きのようなもので、「このように守れ」、「このように歩め」と、私たちを訓戒し諭《さと》してくるものである。そういう外なる律法が私たちの前に立ちはだかり、私たちは何とかそれらの律法を守ろうと四苦八苦する。だが、なかなか守ることができず、悩み苦しみ、その狭間《はざま》でジレンマに陥っていくことが常である。ややもすると律法遵守《じゅんしゅ》が生きる目的となってしまうほどである。しかし、弱い私たちは守ることができず、結果、いつも自分自身を責めてしまうということを繰り返していく。ところが、新しい契約の時には、その外なる律法はあなた方の内に置かれ、心の中に刻み込まれる。これがやがて新しく起こされる契約なのだと、ここでエレミヤは喝破《かっぱ》しているのである。

では、この新しい契約はいつ私たちに実現するのか。私たちはどのようにして、それを手に入れることができるのか。その解答はまさに〝聖霊の内住〟にある。〝聖霊の内住〟とはいかなることか。これまで外側に居給うた神が、聖霊として私たちの内側に入り込んでくださる。そして、私たちの内側に大きな変革が起こされてくる。これが〝聖霊の内住〟ということである。聖霊の内住が起こされることにより、私たちは自分の力によるのではなく、聖霊の力によって自然の内に律法を守ることのできる主体へと変えられていく。あれほど難問だった律法を、いつのまにか乗り越えてしまっているという現象が起こされるのである。なんと感謝なことか。

しかし、私たちには次なる疑問が湧いてくる。一体〝聖霊の内住〟はどうすれば起こされるのか。この鍵はどこにあるのだろうか。それは〝聖霊のバプテスマ〟にある。あなたは聖霊のバプテスマを受けて聖霊に満たされた時、こういう体験をしたことはないだろうか。私自身、明確な体験がある。これまで読んでいた聖書がまるで私の心につきささるかのようにグイグイと入ってくる。そしてこれまでの知識レベルの聖書理解が深い奥義にまで到達し、御言葉の霊的真理が面白いほど解るという不思議な変化が起こったという体験を。

いわゆるこれがパウロの言う〝文字〟と〝霊〟の解釈である。聖霊のバプテスマを受けない時は単なる文字に過ぎなかった主イエスの言葉、すなわち律法であった御言葉が、聖霊のバプテスマを受けるや否や俄然命を得たように、私たちの奥深くに入り込み生きた霊となるのである。

私たちの教会では恒例となっている「高砂聖霊アシュラム」が恵みの内に進められている最中である。このアシュラムの小冊子の中に「アシュラムの目的と到達点」という短い文章が刷り込まれているが、その冒頭部において次のように記されている。「私たちを真のキリスト者に造り変えることにある。キリストを信じているに違いないが、単なる信者に止まり、真の弟子になっていないという反省が出発点である」と。アシュラム運動は、それ自体が目指す真のキリスト者、真の弟子となるために、聖書の御言葉への聴従を第一義的に教える。この聴従に真に取り組もうとすれば、聖霊に満たされ、聖霊に内住していただくことが、必須の前提である。なぜなら、前述したように、文字が霊として私たちの内側に入り込んで、初めて聖書の御言葉を真実に理解することができるようになるからである。逆に言うなら、私の内側が聖霊に満たされ造り変えられなければ、御言葉に真に聴くことができないということである。ここではっきりと押さえておかなければならない。アシュラムが教える御言葉への聴従の前提には、聖霊のバプテスマないしは、聖霊に満たされるということが必要なのだということを。その時初めて聴従による真のキリスト者、真の弟子としての成熟がなされていくということである。それは決して、人間側の意志的な努力によるのではない。聖霊の自由な働きによる。このことは大変重要な真理である。

さて、コリント人への第二の手紙の三章に戻ろう。一三節でパウロはこう語る。「そしてモーセが、消え去っていくものの最後をイスラエルの子らに見られまいとして、顔におおいをかけたようなことはしない」。これは、実は出エジプト記三四章に記されている一つの物語をパウロは念頭に置いている。つまり次のような次第である。モーセがシナイ山で神の律法すなわち十戒を受けて地上に戻ってきたが、彼は引き続き四十日四十夜の断食をして祈り込んだ。そしてその後、その律法を携えて、モーセは民の所へ帰っていく。その四十日四十夜の断食を通して神と出会い交わりを深める中で、モーセの顔は眩《まぶ》しく輝いた。人々がモーセの顔を直視することができないほどの輝きであったという。そのためにモーセは顔におおいをつけて、人々と語ったというのである。

ところがである。この三章では、モーセの顔のおおいについて全く別の解釈をパウロは施しているのである。このことは大変興味深い。パウロの解釈はこうである。モーセの顔のおおいは、輝き過ぎた自分の顔が人々には眩し過ぎるので、それを遮《さえぎ》るためにかけたのではなく、実はモーセ自身の側の理由による。すなわち、顔の輝きというものは時が経つにつれて徐々に薄れていくものであり、そういう変化を呈していく自身の姿を人々に見られたくないがために、顔におおいをしたとパウロは解釈するのである。それが一三節の内容である。

このパウロの解釈に、私自身も思い出すことがある。私が三十代前半の若かりし頃、一週間ほど山の中にある断食祈祷院に入り、祈りに集中したことがある。そして断食祈祷を終え、土曜日に教会に戻った。すると、出会う人がことごとく私の顔を見ようとせず、目を伏せてしまう。なぜなのかと不思議に思い、思い切って一人の人に尋ねてみると、「実は先生の顔が輝いていて、余りにも権威があるので、まともに見られないのです」と言ったのである。ところが、翌日の聖日になると、前日とは打って変わって、皆まともに私を見るようになった。見ることができるような顔に戻ってしまったということである。

ここで分ることは、人間がある時素晴らしく神の栄光の輝きを放ったとしても、それは一時的であり、すぐに失せていくものだということである。たとえモーセであっても同じである。どれほど眩しい輝きを放っていたとしても、それはまもなく消え去っていく。そのことがモーセ自身にもわかっていたので、それが寂しく、侘《わび》しくまた恥ずかしくて、顔におおいをかけたとパウロは分析するのである。

こういう解釈を呈することによって、パウロは現実の人間というものがどれほど内なる輝き、内なる御霊、内なる神というものを喪失し易いものであるか、イスラエルの民といえども、神を信じている選ばれた民だといえども、人間である以上、限界があるということを教示しているのである。

したがって、こういう風に内なる聖霊を失った状態でいくら聖書を読んでも、頭の理解に留まって、奥深い霊的な真理には至らない。一四・一五節にこう記されている。「実際、彼らの思いは鈍くなっていた。今日に至るまで、彼らが古い契約を朗読する場合、その同じおおいが取り去られないままで残っている。それは、キリストにあってはじめて取り除かれるのである。今日に至るもなお、モーセの書が朗読されるたびに、おおいが彼らの心にかかっている」。おおいが私たちの心にかかっているので、モーセの書、すなわち聖書を読んでも、本当には理解できないという意味である。

ではなぜ、おおいがかかって内なる聖霊が失せていると、聖書が理解できないのか。その理由を述べよう。それは聖書というものが神の霊感によって書かれている故である。実際に筆を執って書き記したのは人間であるが、しかしそれを書かせ誘導したのは〝聖霊〟である。聖霊が聖書の真の執筆者なのである。聖霊を通常〝ホーリー・スピリット〟というが、時に〝ホーリー・ゴースト〟ということがある。少し駄洒落《だじゃれ》を言うと、まさに聖霊は聖書〝のゴースト・ライター〟なのである。聖書は聖霊が執筆者である以上、聖霊を内に戴いて、聖霊に満たされて読まなければ、聖書を真に理解することはできないということである。

このことをもっと分り易く解説しよう。つまりこういう風に説明できる。私は「キリスト教の第三の波」という書物を一九八六年に世に出した。この「高砂聖霊アシュラム」の中の「福音の時」の時間帯には、この書物の講解をしてほしい旨の要請により、講義を継続して行っている。数年前のこと、北海道において、「北海道カリスマセミナー」なるものが開催され、私はメイン講師として奉仕させていただいた。その折にも、主催者である長沢克巳牧師（カナン・プレイズチャーチ）の要請により、この「キリスト教の第三の波」の講義を行ったのであったが、その講義の終了後、長沢牧師はつくづくこう私に語った。「私は手束先生のこの『キリスト教の第三の波』は何度も読みました。しかし、こうして講義を直接聞いてみて、その行間の中に秘められている深い真理、意味というものを、初めて知ることができました」と。然《しか》り、それは当然のことである。私はこの「キリスト教の第三の波」を講義し、繙《ひもと》いていくことについては、誰にも負けない絶対的な自信を持っている。なぜならば、この書物は私自身が執筆者だからである。私がこの書物の著者なのであるから、誰も私以上に講義をすることはできないのは当然である。

聖書も同じである。聖書は聖霊が著者なのである。だとすれば、聖霊によってしか、聖霊の介入による導きをいただくことによってしか、私たちは聖書を真に、十分に理解することはできないということもまた当然ではないだろうか。それ故に、真に聖書の奥義を理解しようとするならば、その前提として聖霊を受けなければならない、聖霊に満たされなくてはならないということである。私たちは聖霊を受け、満たされて、聖書の真理にもっと深くくい入っていきたいと切に願うものである。

さらに一八節において、パウロは私の内側が変革されて聖書が真に解るようになるというだけに留まらず、私自身の姿が変えられていくと語っている。「わたしたちはみな、顔のおおいなしに、主の栄光を鏡に映すように見つつ、栄光から栄光へと、主と同じ姿に変えられていく。これは霊なる主の働きによるのである」。

人間は誰でも皆変えられたい、向上したいという願いを根源的に持っているという。神学者パウル・ティリッヒはこれを「自己超越の欲求」と名付けた。「今のままでありたくない、もっと優れた人間になりたい、もっと清められたい、もっと引き上げられたい、もっと高められたい」という願い、欲求を人間はすべからく持っているというのである。なぜか。それは私たち人間というものは、本来「神の子」へと志向するべく、神によって造られているからである。パウロはローマ人への手紙八章においてこのように語る。「被造物は、実に、切なる思いで神の子たちの出現を待ち望んでいる。なぜなら、被造物が虚無に服したのは、自分の意志によるのではなく、服従させたかたによるのであり、かつ、被造物自身にも、滅びのなわめから解放されて、神の子たちの栄光の自由に入る望みが残されているからである」。（一九節〜二一節）

然りである。神の被造物である人間は皆「神の子」へと高められたい願い、いわゆる「自己超越への欲求」を持っている。そしてそれもまた、まさに聖霊によって可能とされていく。聖霊によって栄光から栄光へと私たちは造り変えられていく。一八節「わたしたちはみな、顔おおいなしに、主の栄光を鏡に映すように見つつ、栄光から栄光へと、主と同じ姿に変えられていく。これは霊なる主の働きによるのである」とパウロが語る通り、私たち人間は皆、変えられていく可能性を持つものなのである。

では、具体的にどういうように変えられていくのか。第一には、私たちの唇が変えられていく、すなわち、私たちの語る話の内容がこれまでと変えられていくのである。自己中心の言葉から、神中心の言葉に、また、肉的な言葉から霊的な言葉に変わる。

この具体的な例として一つの話を思い出す。ハーザー誌（マルコーシュ・パブリケーション刊月刊誌）に「奥山実の熱血対談」という記事の連載がある。私もその対談者として「リベラル社会派からカリスマ派へ」とのタイトルで、様々に奥山師と対談させていただいたことがあった（一九九七年四月号から六月号）。その対談中、奥山師が次のような証を感動深く語られた。日本キリスト教団のN師についてである。「あの先生もやはり聖霊体験をなさったんです。私はあの先生に二回あったの。一度は、私が宣教師訓練センターの所長になって間もない頃、彼が私をたずねてきました。あの方は宣教師ですから。そのとき、なんだか不平を並べて帰って行ったんですよ。ところが何年か経って、全然姿が変わって、やって来たんですよ。『先生、私、今ね、何時間でも祈れますよ』と、喜んで報告するんです。彼は聖霊体験したんです。彼は八年間、ドイツでドイツ神学を勉強してきた人なんですが『先生、私は今、ドイツ神学でなく御言葉そのものを信じてやっています。これを私は現地の人に習いました』と言うんです。もう不平も何も飛んじゃって、聖書をそのまま信じられる、と非常に喜んでました。聖霊体験が彼を変えたのです」。

N師のわずかな時間での大きな変化に奥山師も驚くと同時に、聖霊の大いなる御業に深く打たれたのである。このように聖霊によって私たちの唇は変えられる。そしてそれを象徴するためにれ〝異言〟というものが私たちに与えられる。すなわち、異言が唇から出るというのは私たちの唇が変えられたという徴《しるし》なのである。かくして、唇が変わると私たちの生き方や運命までもが変わっていく。

二番目には、私達の心が変えられていく。心の在り方が変えられていくのである。心が変わると顔の表情が変わる。クリスチャンには美しい人が多いとよく言われる。これは何も美人が多いという訳ではない。内側に聖霊が注がれ、内面の変革が起こされる時、その心の内に宿る喜びや平安が、顔の表情に映し出されるからである。心が変わると歌が自然に唇をついて出てくるようになる。カリスマ運動が興って以後、キリスト教界で新しい讃美が歌われるようになった所以《ゆえん》である。

終戦直後、荒れ果てて希望を失った日本の国を再建するために、ひとつのキャッチフレーズが日本全国に流され、瞬《また》く間に浸透していったことがあった。私自身も幼いながら記憶に鮮明に残っている。それは「心に太陽を、唇に歌を！」というものである。心に太陽を持ち、心が暖かく変えられると、唇から出てくる歌も変わってくる。そして、私達の表情が明るく変えられていく。その真の太陽こそが聖霊である。聖霊を私達の内側に迎え入れるならば、心が変わり、歌がほとばしり、表情が美しく変えられていく。

三番目には、私達の態度が変えられていく。どのような困難、試練、問題が身に起ころうとも、前向きに対処できるようになる。マイナスをプラスに転化していく力が与えられる。「地方の教会興し」という私自身に主が託してくださっている使命がある。地方の牧師たちは孤軍奮闘の中、失望感や劣等感にさいなまれている場合が往々にしてあることに気付かされ、私は奉仕の折に時々こう語り励ます。「先生方は決して今の成長できない現状を見て劣等感や失望感を持たれる必要はありません。自分達は田舎の小さな教会で終わるのだと、もしかしたら思っておられるかもしれませんが、決してそうではないのです。田舎だからこそ大きな教会は建つのです。田舎だからという色々な悪条件は、考え方を変えるなら、それは有利な可能性に広がっていくのです」と。私達の教会も、正しくそのことを実証するために、この高砂という地方の鄙《ひな》びた田舎に主が建てあげてくださったのである。

不利を数えず、不利を有利に転換していく。それが聖霊に満たされた人の態度である。しかし、多くの人々は、被害者意識や自己憐憫に落ち込む。そして自分はどうしてこんなに運が悪いのかと嘆く。だが、マイナスこそプラスである。マイナスはプラスに転換できる。聖霊によるならば、それは必ず可能である。

四番目には、私達の行為が変えられる。他人に心から仕えることができるようになる。心から手を差し伸べたいと願うようになる。また、教会に、主に仕えることが心からの喜びとなるのである。

私は現会堂の献堂直後頃（一九八九年頃）より、様々な教会より奉仕の招請を受けるようになった。しかし、訪問する教会の殆んどは、教勢二〜三十人以下の小さな教会なのである。私は主に祈って問うた。「主よ。どうして私をこのような小さな教会ばかりに送られるのですか」。すると主は明確にこう応答された。「これが日本の教会の現実だ。私はあなたに様々な体験を与えてあなたを練り、教会の成長と復興の秘訣を教えた。だから、それらをもって地方の教会を建て上げる使命を果たしなさい」。私はその語りかけを聞いたので、それから後は喜んで地方のどのような教会にでも、感謝しつつ赴いている。

しかし実のところ、私は旅行というものが本来得手ではない。旅に出ると疲れる、眠れない、食べることができないという状態に陥ってしまうからである。環境への適応性に欠けている体質のようである。余談であるが、私の妻はその点順応力が抜群に優れた女性である。羨《うらや》ましい限りである。そこで「ミセス・カメレオン」と綽名《あだな》をつけた人がいるほどである。ところが、この働きをしていく中で、主なる神は、私のこのような体質を変えてくださった。体も丈夫に変えられ、今では旅がそれ程億劫《おっくう》にならなくなった。そして、行く先々で神は素晴らしい御業を起こされ、どんどん地方の教会がリバイバルしていっている。「地方の教会興し」、これは言うならば、ゲリラ的な働きである。そのゲリラとして私自身を主は使って下さり、赴く教会に信仰の刷新と復興、そして成長が起こされている有様を見させていただき、心より主は大いなるかなとその御名を誉め讃えさせて頂いている。

かくして、主イエス・キリストがこの地上に来られたのは、私達の内に聖霊を注ぎ、満たし、私達の内側を造り変える為なのである。十六節に「しかし、主に向くときには」とある。主に向く、すなわち主に私達を開け渡していく時、主は私達に聖霊を注いで、満たしてくださる。主イエスが来られた最終目的は、聖霊を注いで、私達を造り変え、神の子としての姿に変えて下さることである。栄光から栄光へと、主と同じ姿に変えられていき、私達に素晴らしい神の子としての実質を与えて下さり、引き上げて下さることである。

私達はそのことを心から喜ぼう。そのことの故に主を讃美しよう。そして充実した人生を力強く歩んでいきたいものである。

あとがき

このように、二十年間の聖霊降臨祭礼拝の説教を並べてみて、今更ながら気付かされたことがある。それは、同じ事柄について繰り返し取り上げて扱っていることである。それ故に、ある方々にとっては少々というよりは、大いに目障《めざわ》りであり、「またか」とばかりウンザリされたかも知れないと思っている。御容赦願いたいと思う。

だが考えてみると、繰り返し取り上げているのは、図らずもそこに私の信仰と神学の強調点があったということである。そしてその事柄は、ほぼ次の三つのテーマに収斂《しゅうれん》されるのではなかろうか。

一つは、聖霊降臨祭（ペンテコステ）こそ、キリスト教会にとって最も重要な祝祭であるにも拘わらず、殆ど顧みられていないのは、今日の教会が如何に聖霊を軽視しているかの表われであるということ。そしてそこにこそ今日の教会の致命的弱さがあるのではないかという反省である。聖書を厳密に読めば、元々キリスト教は、〝聖霊の運動〟であり、霊的神秘的体験の宗教（命の宗教）である。にも拘わらず、いつの間にか倫理・道徳の宗教、知的教養的宗教、あるいは教理的儀式的宗教に頽落《たいらく》してしまっていることへの慨嘆《がいたん》である。

数年前になるだろうか。当教会の副牧師の勧めで、「神とゴッドはどう違うのか」という書物を手にした。この本の著者は鹿嶋春平太という宗教社会学者であり、「新潮選書」という一般の出版社から出されたものであった。一読して驚いた。その結論部分には、私がこの説教集で展開しているのと同じ趣旨の事柄が主張せられていたからである。鹿嶋氏は「聖書究極のウルトラC：聖霊のバプテスマ」という一章を設け、その結論部分で次のように語っている。

「これが聖書思想の神髄だった。これが福音（よい知らせ）の奥義だったのです。聖霊のバプテスマ論理が組み入れられると、聖書の指し示すキリスト教は、実は『聖霊教』とも言うべきものだったことがわかってきます」。

この鹿嶋春平太という方が、クリスチャンなのかどうか、私は知らない。聖書についてこれ程深く言及するからには、恐らくクリスチャンではないかと推察される。しかし決して牧師でも神学者でもない。そのような人物が、キリスト教は「聖霊教」だと言い切っているところが驚きである。これは、日本のクリスチャンと言うより、牧師や神学者達に対して極めて説諭的であり、挑戦を与える言辞である。私は、日本の牧師や神学者の方々が、この鹿嶋春平太氏の問題提起に対して、真摯《しんし》に受けとめて頂き、これ迄説いてきたキリスト教について、ラディカルに問い直して頂きたいと願っている。

二番目に繰り返し取り上げているのは、社会主義とキリスト教をめぐる問題である。私はその若き日に社会主義運動に身を挺した時期があった。しかしクリスチャンであることと社会主義の理想への実践とは果して相容《あいい》れることができるのかという葛藤を覚えることも、しばしばであった。そんな中で、パウル・ティリッヒの主張する「宗教社会主義」に強い魅力を感じたものである。やがて、社会主義社会の腐敗と暗黒の面が次々と公に暴露されるに至り、社会主義の理想追求の情熱は次第に失せていった。それでも尚、「社会主義の理想は単なる夢に過ぎなかったのか。自分が若き日に情熱を傾けたのは無駄であったのか」という問いは、残り続けた。そしてその答えを、聖霊体験を通して得たのである。それは、この説教集の中で、繰り返し語っているように、社会主義の理想（地上の神の国の実現）は、使徒行伝が示す如く聖霊の圧倒的満たしの中でしか実現し得ない〝上からの〟（垂直の）事柄であるということである。

このことを理解せずして、人間の努力によって「地上の楽園」を目指すあらゆる人間の企ては、ことごとく失敗してしまうどころか、却って「悪魔の国」を現出させてしまうということである。このことは、今日の北朝鮮の現実を見るならば明瞭である。かくて、社会主義の「大いなる失敗」（ブレジンシキー）は、私と同じく社会主義社会実現の理想を追って懸命に努力してきたクリスチャン達にとって、安易なヒューマニズムに基づく人間の肉の企ての限界の厳しい認識と、聖霊による驚くべき可能性への目覚めに至らしめるという点では、大いに意味があったと言うべきかも知れない。

第三に繰り返し強調している事柄は、「聖霊を受ける」ということ、即ち「聖霊のバプテスマ」こそ、初代教会のカリスマ的活動の原点であり、今日の教会がもう一度初代教会のような活々とした信仰生活、生ける主の超自然的な御業を回復したいと願うならば、「聖霊のバプテスマ」を求める必要があるということである。正しく、鹿嶋春平太氏の言うように、「聖霊のバプテスマ」こそ「聖書究極のウルトラC」なのである。

しかし、この「ウルトラC」に与かるのは、決して難しいことではない。聖霊は恩寵として与えられるものであるから、信じて、求めればよいのである。それ故に、「恩寵のみ」（ソラ・グラチア）、「信仰のみ」（ソラ・フィデェイ）という主張は、単に十字架による贖いの救いに与かるためだけの原理ではない。「聖霊のバプテスマ」に与かるための原理でもある。このことを発見し、説教集で前面に打ち出して強調することの意義は限りなく大きい。何故ならば、少々口幅《くちはば》ったくて恐縮だが、ルターの「恩寵のみ」、「信仰のみ」というプロテスタント原理を、救済の領域から聖霊の領域に迄広げて、明確に繰り返し強調して言及しているのは、この説教集が初めてではないだろうか。勿論、断片的にあるいは散発的に語っていた人は、これ迄にもあったであろう。だが、一冊の書物全体を通して、言わば「聖霊論的プロテスタント原理」とも言うべきものをこれ程力説している書物が、他にあったであろうか。何故、これ迄のキリスト教の歴史の中で、このことが十分に顧慮《こりょ》され、ルターの「救済論的プロテスタント原理」のように考察され主張されることがなかったのか、不思議と言えば不思議である。

私の確信は、この「聖霊論的プロテスタント原理」の発展と実践こそが、日本のリバイバルを開く鍵ではないかということである（月刊誌「恵みの雨」一九九六年二月号〝信仰によってのみ、聖霊を受ける〟参照）。事実、私がこの原理を説き実践に移していった先々の教会では、幾つもの教会が復興し成長していった。私はこの有様を見て喜び、いよいよ「聖霊論的プロテスタント原理」を標榜《ひょうぼう》することの正しさを確信したのである。そしてこの説教集もまた、そのための重要な手段となることを願っている。

時代は大きく変転していっている。洪水の如く押し寄せる世俗化の濁流の中で、多くの教会が行き詰まっている。若者達が教会の中から姿を消し、教会は衰える一方である。欧米では大きな会堂が維持できなくなり、どんどんと売りに出されているという。私の属する日本キリスト教団の教会でも、あと十年もすれば、三分の一に近い教会が無牧になるという恐ろしい観測がなされている。それは、一方では悲しい現実であるが、他方では教会が使徒行伝に示されているような本来の教会に戻っていくチャンスでもある。聖霊をないがしろにし、軽視している教会はやがて衰えていく。しかし、聖霊を崇め重んじる教会は、このような時代にあっても、いよいよ栄えていく。あなたは、一体どちらの道を行くのか。この説教集が問いかけている究極は、このことである。

最後に、この説教集を出すに当り、多くの方々の祈りと協力があったことに感謝したい。余り多いので、ここでそのお名前を列挙してお礼を申し上げることは差し控えさせて頂きたいと思う。おひとりおひとりを思い起こしながら、主の祝福と顧みを祈らせて頂くのみである。そして何よりも、私の熱い祈りと願いは、この説教集を通して、日本の教会の聖霊による刷新と復興の業が加速させられ、日本民族の総福音化が押し進められていくことである。

主の年二〇〇五年四月

手束正昭

■著者紹介

手束正昭（てづか・まさあき）

1944 年　中国・上海に生まれる。

1946 年　満州にて父親と離別したまま母親と死別。奇跡的に日本へ生還。以後、茨城県結城市にて成育。

1960 年　関西学院高等部に入学。キリスト教に触れ、入信。

1969 年　関西学院大学神学部修士課程卒業（神学修士）。日本キリスト教団東梅田教会伝道師。

1970 年　関西学院大学神学部助手。傍ら、1971 年より日本キリスト教団芦屋西教会伝道師。

1973 年　日本キリスト教団高砂教会牧師に就任。

1975 年　教会修養会にて聖霊降臨の出来事の遭遇。以後、カリスマ的信仰に転進

現　在　日本キリスト教団高砂教会主任牧師。カリスマ刷新運動を推進する「日本キリスト教団聖霊刷新協議会」世話人代表。「日本民族総福音化運動協議会」事務局長。名誉神学博士。諸神学校、諸教会で特別講師として活躍。

著　書　『キリスト教の第三の波』（正・続・余）、『信仰の表現としての教会建築』『命の宗教の回復』『聖なる旅』（以上、キリスト新聞社）『ヨシュアの如く生きん』『輝かしい季節の始まり』『教会成長の勘所』『あなたはやり直すことができる』（以上マルコーシュ・パブリケーション）

教会住所　〒676-0015　兵庫県高砂市荒井町紙町 1-34

TEL0794-42-4854（代）　FAX0794-42-4878

ホームページ : http : //takasago-church. com

Eメール : takasago_church@banban. ne. jp

聖霊の新しい時代の到来

聖霊降臨祭説教集

2005 年 5 月 15 日　発行

著　者　　手束　正昭

発行所　マルコーシュ・パブリケーション

〒321-3325　栃木県芳賀郡芳賀町芳賀台 77-3

TEL 028-677-4824　FAX 028-677-4825

定価　（本体 1700 円＋税）

ISBN4-87207-236-7 C0016

印刷・製本　東信社

手束正昭著　好評発売図書！

ヨシュア記連続講解説教集①
ヨシュアのごとく生きん
定価1785円

ヨシュア記連続講解説教集②
輝かしい季節の始まり
定価1785円

ヨシュア記連続講解説教集③
あなたもやり直しができる
定価1785円

教会成長の勘所
四六判上製　定価2400円

マルコーシュ・パブリケーション